Pluto

Neptun

Uranus

Saturn

DIE
ERDE
Ein Kinderatlas

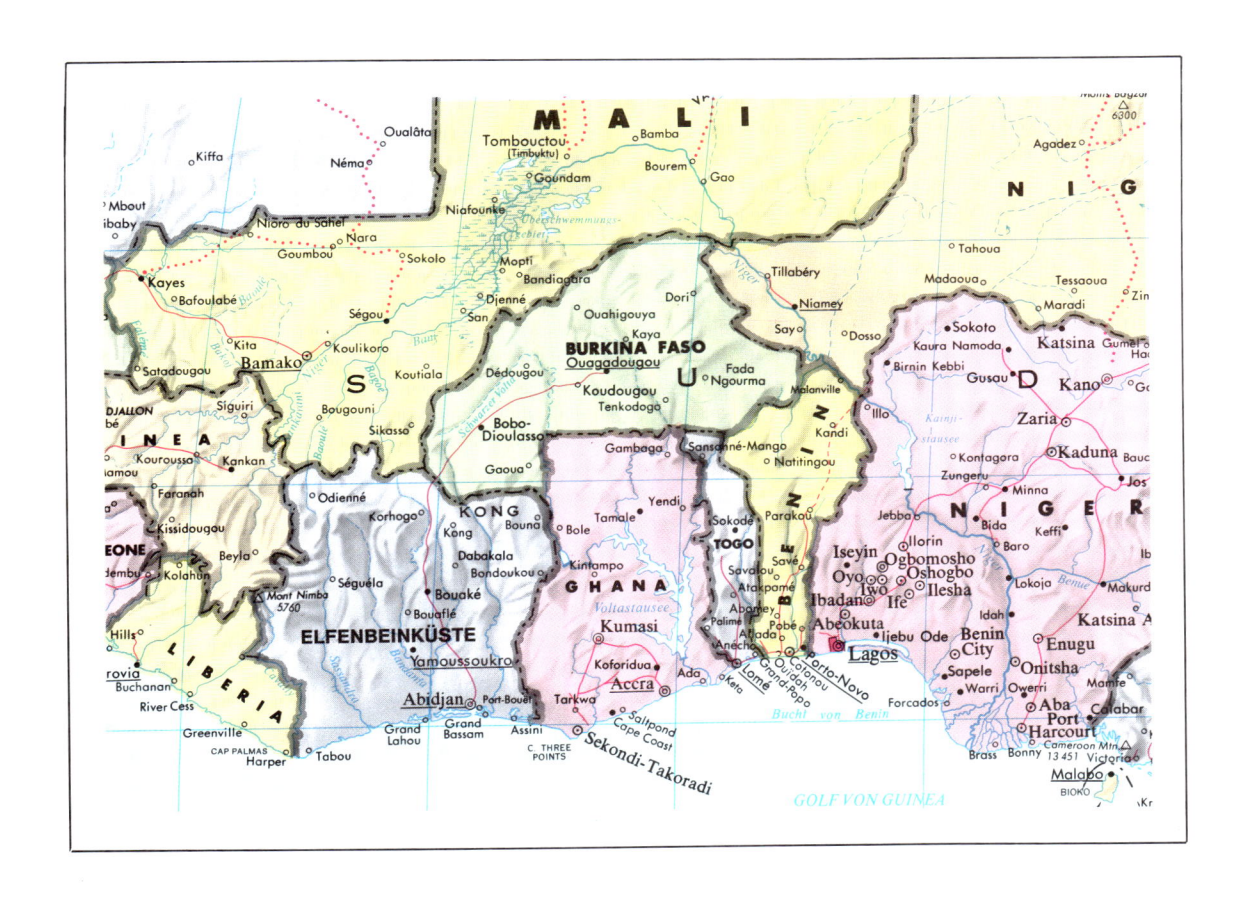

NEUER
HONOS
VERLAG

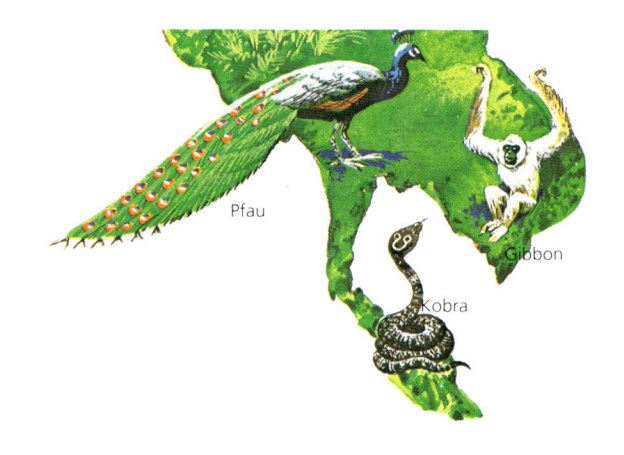

Inhalt

Unser Planet Erde 8
Die Landschaften ———— 8
Die Klimate ———— 10
Die Wirtschaftsformen ———— 12
Die Bevölkerungsdichte ———— 14
Die Staaten ———— 16

Gebrauch des Atlas 18

Europa 22
Landschaft ———— 22
Tierwelt ———— 24
Wirtschaft und Kultur ———— 26
Staaten und Städte ———— 28
Geographische Karten ———— 30

© Rand McNally, Skokie, Illinois (USA),
www.randmcnally.com
© für diese Ausgabe NEUER HONOS VERLAG, Köln
Gesamtherstellung: NEUER HONOS VERLAG, Köln
Alle Rechte vorbehalten.

Asien	**34**
Landschaft	34
Tierwelt	36
Wirtschaft und Kultur	38
Staaten und Städte	40
Geographische Karten	42

Afrika	**44**
Landschaft	44
Tierwelt	46
Wirtschaft und Kultur	48
Staaten und Städte	50
Geographische Karten	52

Ozeanien	**56**
Landschaft	56
Tierwelt	58
Wirtschaft und Kultur	60
Staaten und Städte	61
Geographische Karte	62

Nordamerika	**64**
Landschaft	64
Tierwelt	66
Wirtschaft und Kultur	68
Staaten und Städte	70
Geographische Karten	72

Südamerika	**78**
Landschaft	78
Tierwelt	80
Wirtschaft und Kultur	82
Staaten und Städte	84
Geographische Karten	86

Antarktika	**89**

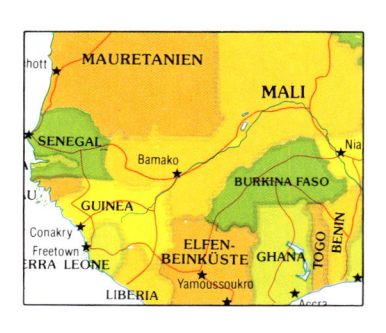

Die Welt in Zahlen	90
Register wichtiger Orte auf den geographischen Karten	91

Unser Planet Erde
Die Landschaften

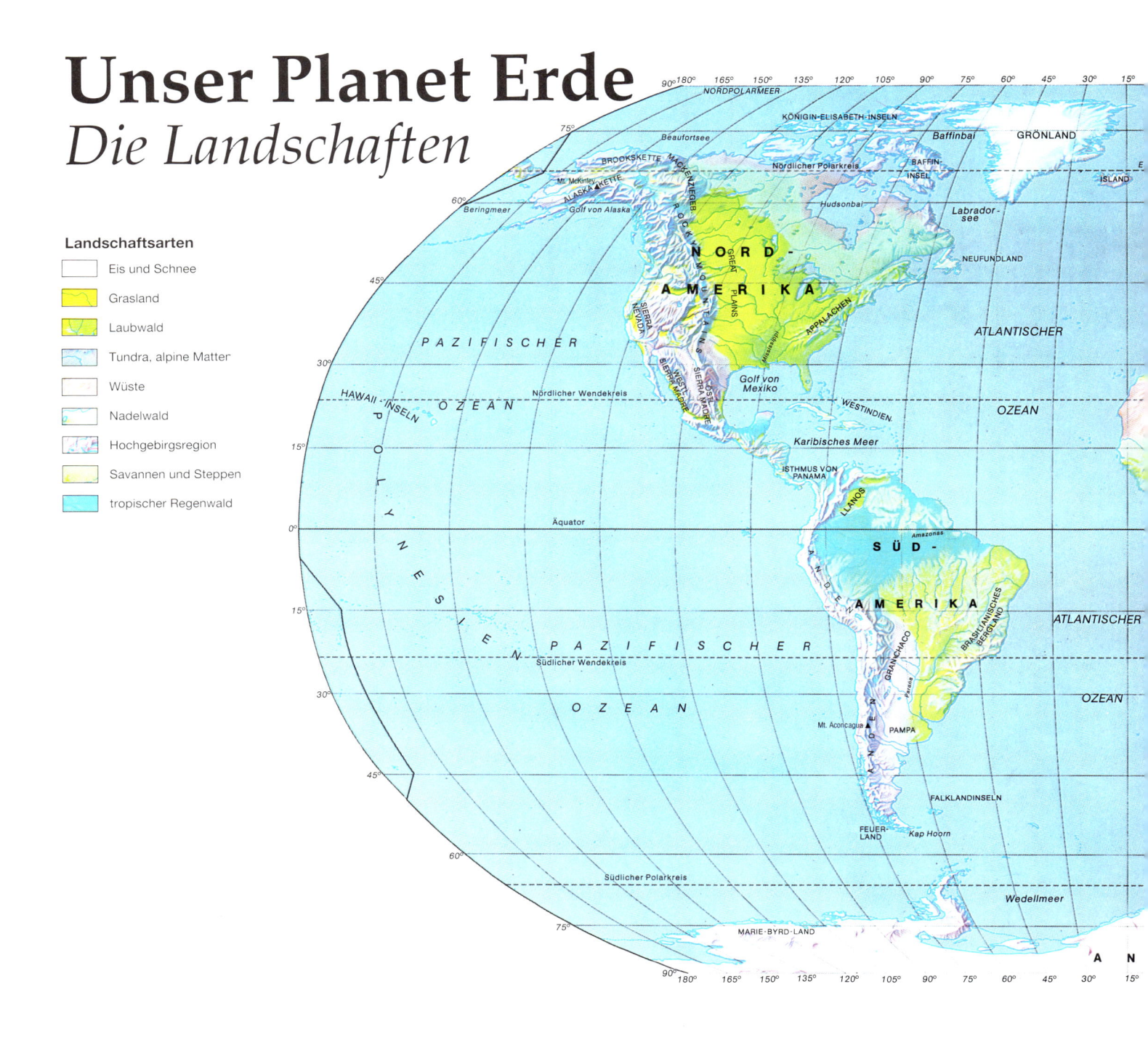

Landschaftsarten
- Eis und Schnee
- Grasland
- Laubwald
- Tundra, alpine Matter
- Wüste
- Nadelwald
- Hochgebirgsregion
- Savannen und Steppen
- tropischer Regenwald

Diese Karte zeigt die verschiedenen Arten von Landschaften, die man auf der Erdoberfläche findet. Die Farbschattierungen der einzelnen Gebiete auf der Karte stehen für die Landschaft, die man in dieser Gegend der Erde vorfindet. Die Legende links neben der Karte erklärt die verschiedenen Farbschattierungen.

Die Erdoberfläche besteht aus einer gefalteten Gesteinsschicht, der sogenannten Kruste, die sich ständig verändert. Die Erdkruste ist in viele Stücke zerbrochen, die sogenannten tektonischen Platten, die auf einem Ozean aus einer dichten, halbflüssigen Gesteinsmasse schwimmen. Säulen dieses geschmolzenen Gesteins steigen langsam empor, stoßen die Platten der Erdkruste an und fallen wieder zusammen. Gerät eine Platte so in Bewegung, rammt sie die benachbarten Platten.

Manchmal verhaken sich zwei Platten ineinander, wenn sie aneinander vorbeischrammen. Über viele Jahre baut sich ein immer stärkerer Druck im Gestein auf; plötzlich zersplittert

UNSER PLANET ERDE 9

der Fels, und die Platten reißen sich los. Diese Bewegung erzeugt Erdbeben. Vulkane brechen aus, wenn geschmolzenes Gestein aus dem Erdinnern an die Erdoberfläche gelangt.

Über Millionen von Jahren haben die tektonischen Platten durch ihre Bewegung das Gestein zusammengedrückt, gefaltet und gehoben und haben so die großen Gebirgszüge der Erde entstehen lassen. Die Appalachen entlang der Ostküste Nordamerikas sind zum Beispiel das Ergebnis eines Zusammenstoßes mit Afrika vor ungefähr 320 Millionen Jahren. Auf die gleiche Weise erhob sich der Himalaya, das höchste Gebirge der Welt, als Indien mit Asien zusammenstieß.

Gut zu erkennen sind auf dieser Karte neben den Hochgebirgen auch die großen Wüsten. Wüsten sind trockenes Land, auf das kaum Niederschlag fällt und auf dem nur wenige Pflanzen und Tiere leben. Nicht alle Wüsten sind heiß und sandig. Sie können auch kalt und steinig oder von Schnee und Eis bedeckt sein.

UNSER PLANET ERDE
Die Klimate

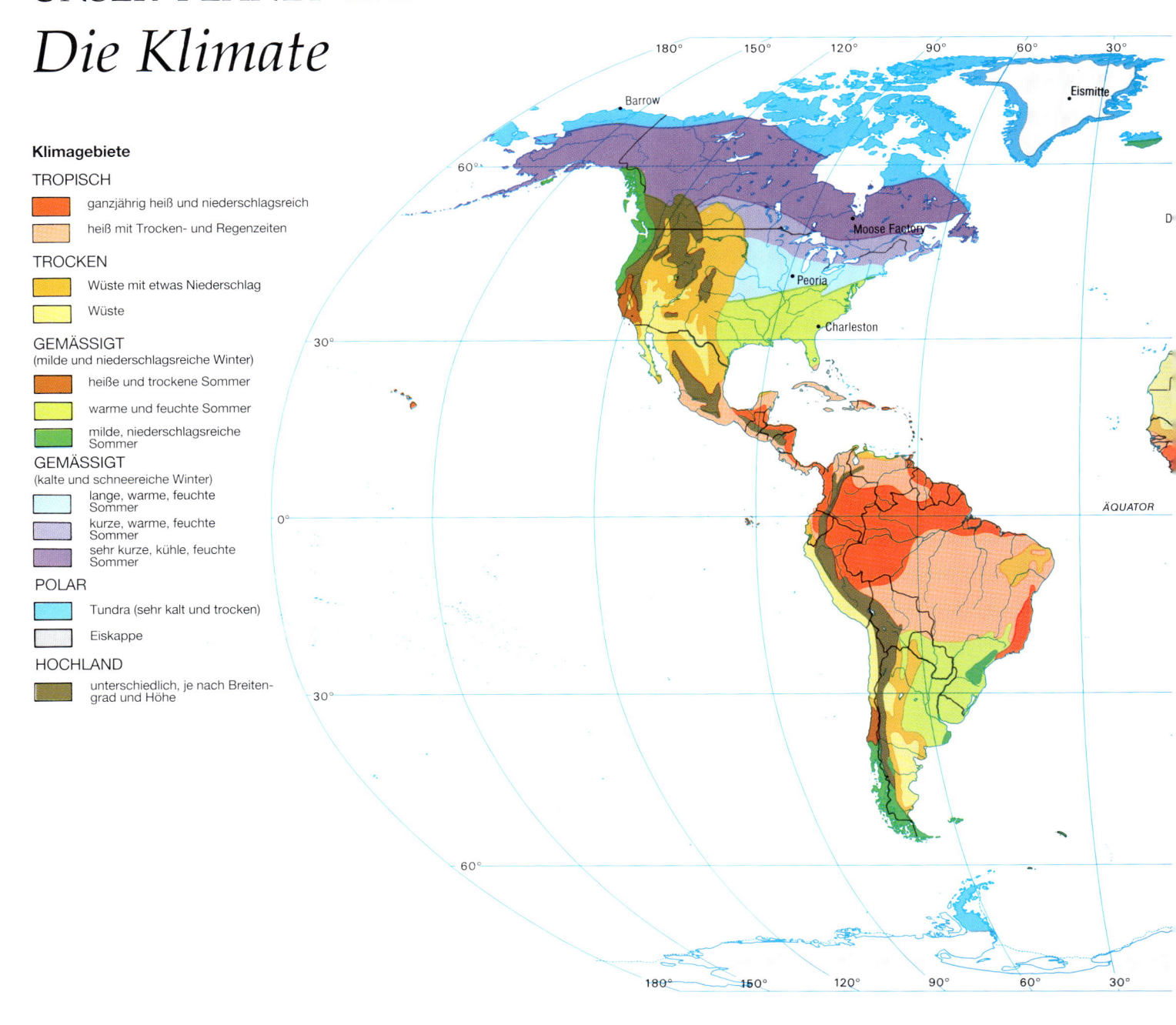

Klimagebiete

TROPISCH
- ganzjährig heiß und niederschlagsreich
- heiß mit Trocken- und Regenzeiten

TROCKEN
- Wüste mit etwas Niederschlag
- Wüste

GEMÄSSIGT
(milde und niederschlagsreiche Winter)
- heiße und trockene Sommer
- warme und feuchte Sommer
- milde, niederschlagsreiche Sommer

GEMÄSSIGT
(kalte und schneereiche Winter)
- lange, warme, feuchte Sommer
- kurze, warme, feuchte Sommer
- sehr kurze, kühle, feuchte Sommer

POLAR
- Tundra (sehr kalt und trocken)
- Eiskappe

HOCHLAND
- unterschiedlich, je nach Breitengrad und Höhe

Diese Karte zeigt die Klimagebiete der Erde. Die unterschiedlichen Farbschattierungen auf der Karte stehen für das Klima, das in den Gegenden der Welt herrscht.

Klima und Wetter sind nicht dasselbe. Unter Wetter versteht man die Temperatur und den Niederschlag – Regen, Schnee oder andere Feuchtigkeit – in einem Gebiet innerhalb eines kurzen Zeitraums. Unter Klima versteht man dieselben Phänomene über einen viel längeren Zeitraum hinweg. Es bedarf vieler Jahre, um das Klima einer Region zu bestimmen.

Das Klima, in dem wir leben, wirkt sich direkt auf unsere Lebensverhältnisse aus. Von der Kleidung bis zu der Nahrung, von der Art und Weise der Fortbewegung bis zur Art der Häuser.

Das Klima der Welt unterscheidet sich aus verschiedenen Gründen. Im allgemeinen ist das Klima in der Nähe des Äquators heißer, und je weiter man sich nördlich oder südlich von ihm entfernt, um so kälter wird es. Zudem kann das Klima durch die Nähe großer Wassermassen, durch Meeresströmungen oder durch die Landschaft beeinflußt werden.

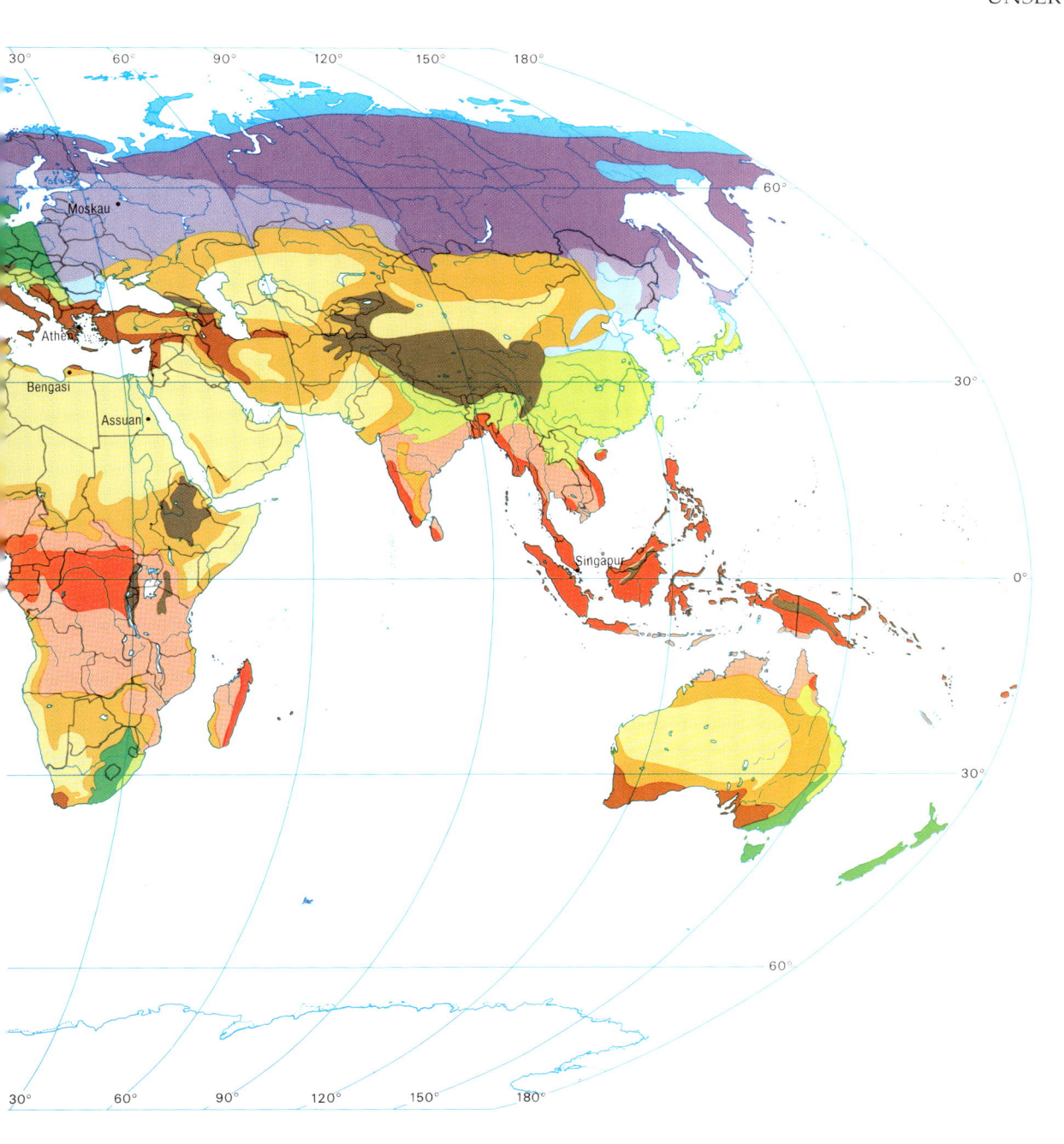

Wasser aus dem Meer verdunstet, steigt auf, kühlt ab, bildet Tropfen und fällt als Regen zur Erde zurück. Im allgemeinen liegen die Gebiete der Welt mit dem höchsten Niederschlag entlang des Äquators, wo die warme tropische Luft die größte Menge an Wasserdampf enthalten kann. Die roten Zonen der Karte entsprechen den tropischen Klimagebieten der Welt – die großen Regenwälder von Südamerika, Zentralafrika und Indonesien liegen hier zu beiden Seiten des Äquators.

Die Landschaft kann die Niederschläge stark beeinflussen. Gebirgszüge zwingen feuchte Luft aufzusteigen und führen so häufig zu schweren Niederschlägen auf der einen Seite des Gebirgszuges und zu sehr geringen Niederschlägen auf der anderen Seite. Vor Gebirgen ansteigende Feuchtluft beeinflußt z. B. die Niederschläge in Südalaska, Westnorwegen und Südchile.

UNSER PLANET ERDE
Die Wirtschaftsformen

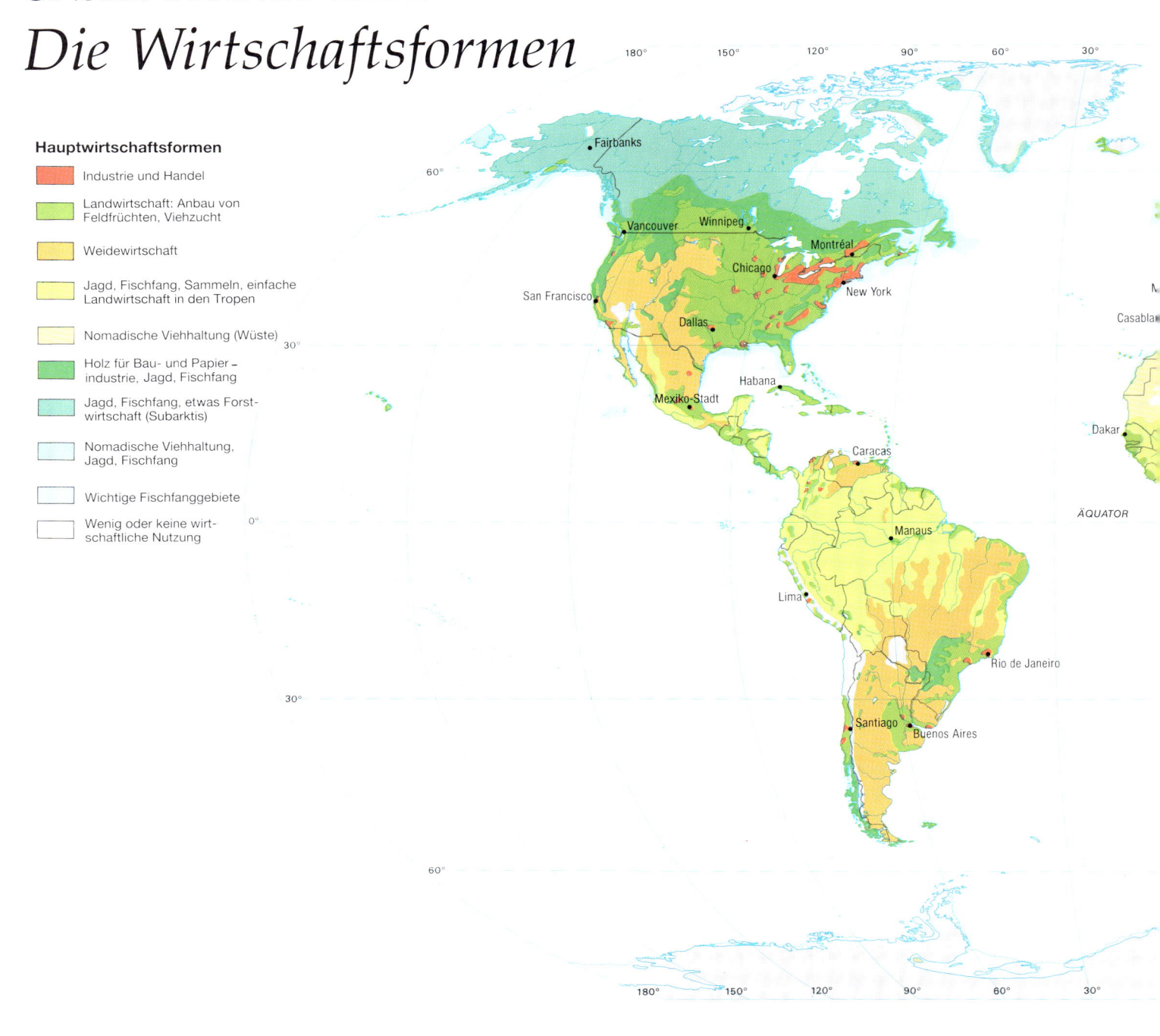

Hauptwirtschaftsformen
- Industrie und Handel
- Landwirtschaft: Anbau von Feldfrüchten, Viehzucht
- Weidewirtschaft
- Jagd, Fischfang, Sammeln, einfache Landwirtschaft in den Tropen
- Nomadische Viehhaltung (Wüste)
- Holz für Bau- und Papierindustrie, Jagd, Fischfang
- Jagd, Fischfang, etwas Forstwirtschaft (Subarktis)
- Nomadische Viehhaltung, Jagd, Fischfang
- Wichtige Fischfanggebiete
- Wenig oder keine wirtschaftliche Nutzung

Diese Karte zeigt die wichtigen Wirtschaftsformen der Welt. Die Farbschattierungen der verschiedenen Gebiete sagen aus, womit die Bevölkerungsmehrheit dieser Gegend ihren Lebensunterhalt verdient.

Der Charakter einer Landschaft hat viel damit zu tun, wie dort gewirtschaftet wird. Im allgemeinen zeigt die Karte, daß sich die landwirtschaftlich genutzten Flächen in den fruchtbarsten Gebieten der Erde befinden. Die fruchtbaren Ebenen in Europa, Südostasien und der Mitte Nordamerikas ernähren einen Großteil der Menschheit. In Indien und China ist der größte Teil der arbeitenden Bevölkerung in der Landwirtschaft tätig, während in Brasilien und der GUS ein viel kleinerer Teil der Arbeitskräfte Feldfrüchte anbaut. In Kanada, den USA und in Westeuropa ist der Anteil noch kleiner.

Wie du siehst, werden nur sehr wenige Regionen der Welt für Industrie und Handel genutzt. Diese Regionen werden manchmal als *entwickelt* bezeichnet. In den USA zum Beispiel befinden sich viele entwickelte Gebiete in der Nähe von Rohstoffvorkommen und Transportwegen. Viele Industriezentren wie Chicago und Montreal liegen an den Ufern der Großen Seen und des St.-Lorenz-Seewegs, einer wichtigen Wasserstraße, die Zugang zum Atlantik erlaubt. Deutschland hat sich zu einer wichtigen Kraft in der europäischen Industrie entwickelt, während das kleine Japan, das weniger Fläche als der US-Staat Kalifornien einnimmt, mit seiner Produktionskraft Asien anführt.

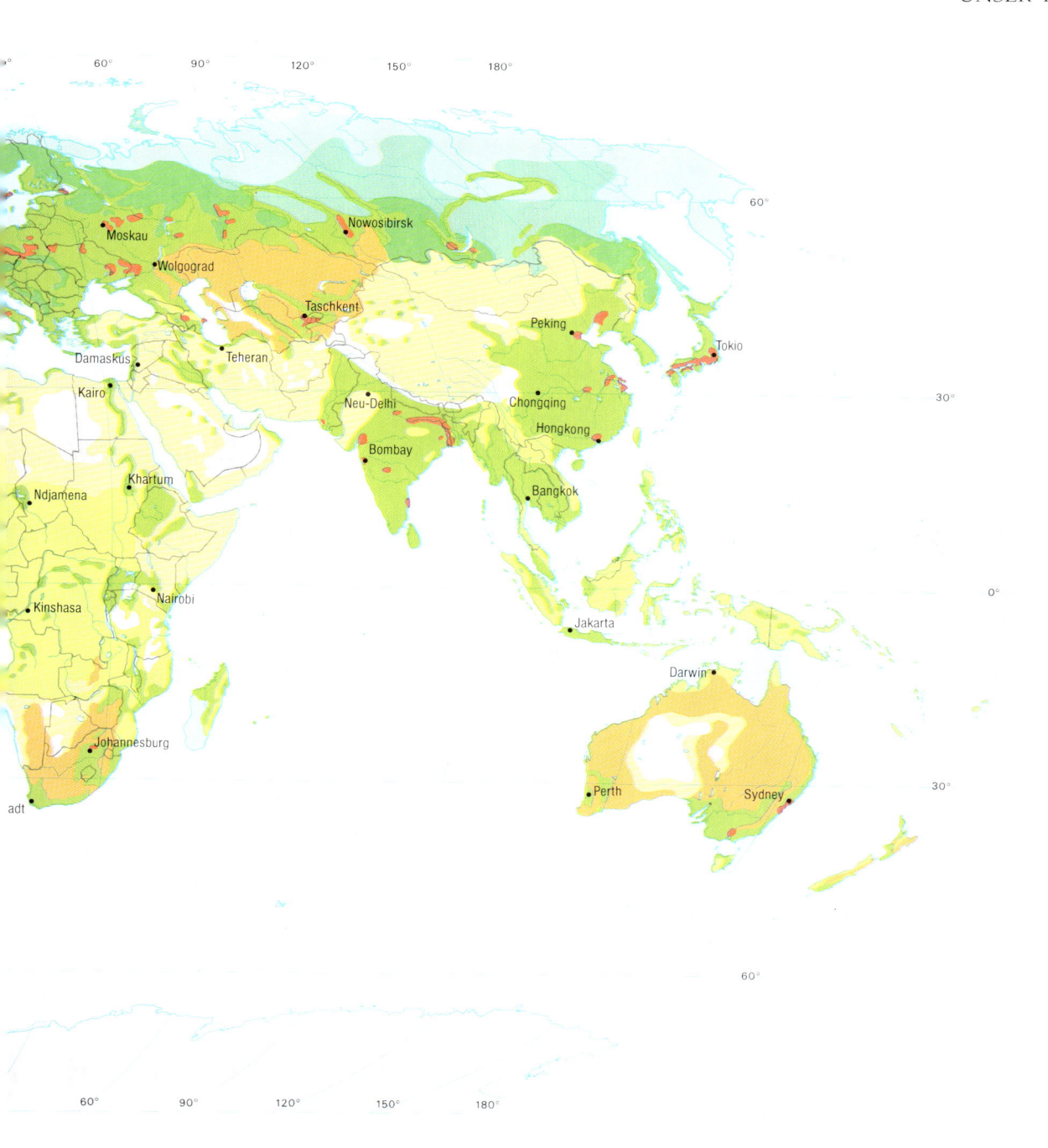

Vergleiche diese Karte mit der Landschaftskarte. Oft kann man von der Art der Landschaft darauf schließen, was die Menschen in dieser Gegend der Welt tun. So wird entlang der Küsten meist gefischt. An den Küsten Nordamerikas, Europas und der Ostküste Asiens finden sich einige der ertragreichsten Fischereizonen der Welt. Manchmal kommt es allerdings vor, daß Menschen zum Beispiel auf fruchtbarem Ackerland leben, aber nicht fähig sind, es richtig zu bebauen.

UNSER PLANET ERDE
Die Bevölkerungsdichte

Bevölkerungsdichte
pro Quadratkilometer

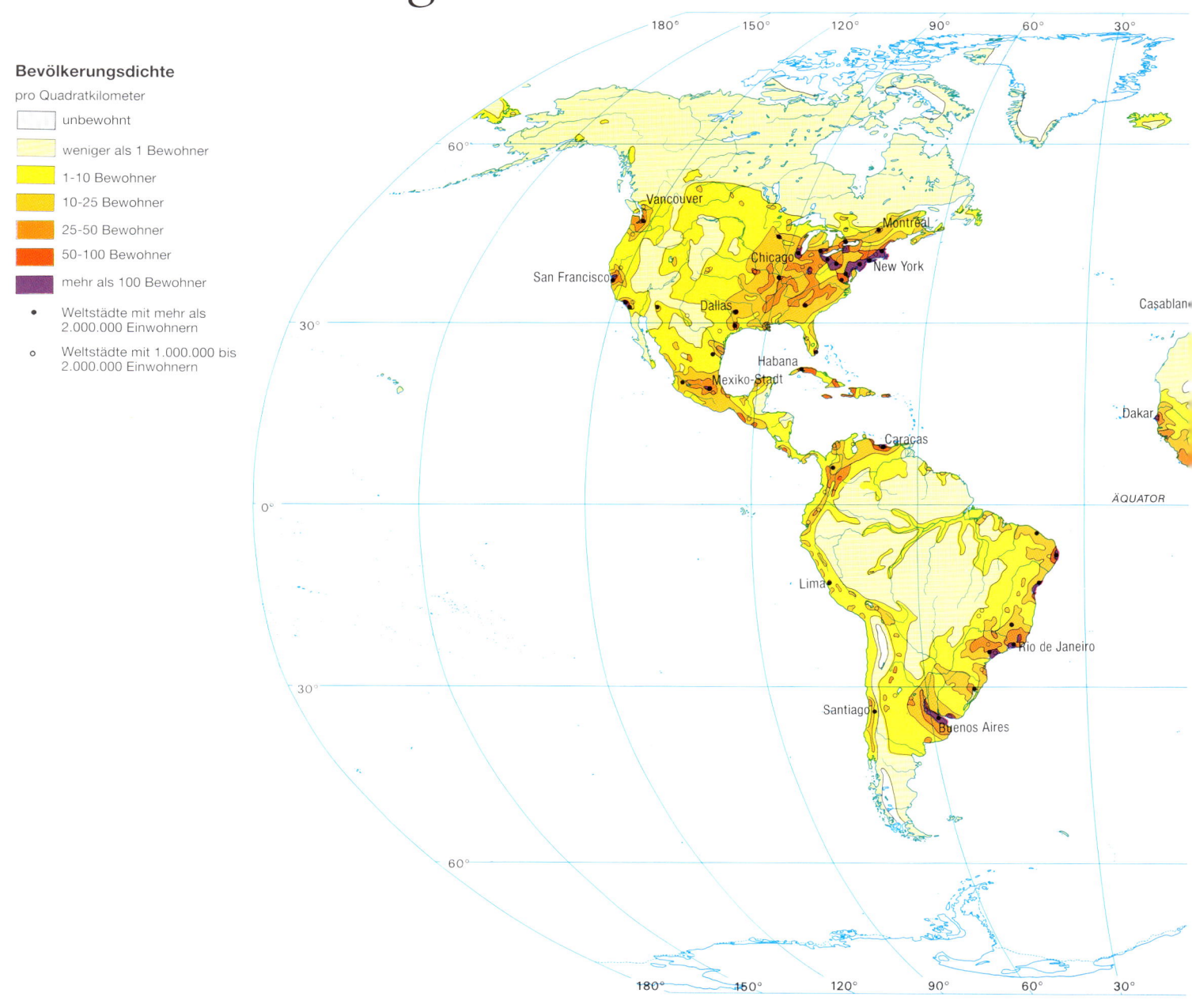

- unbewohnt
- weniger als 1 Bewohner
- 1-10 Bewohner
- 10-25 Bewohner
- 25-50 Bewohner
- 50-100 Bewohner
- mehr als 100 Bewohner

• Weltstädte mit mehr als 2.000.000 Einwohnern
○ Weltstädte mit 1.000.000 bis 2.000.000 Einwohnern

Diese Karte zeigt, wo die Menschen leben. Unterschiedliche Farbschattierungen sagen aus, wie viele Menschen in der jeweiligen Gegend der Welt zu finden sind. Die Legende erklärt, welcher *Bevölkerungsdichte* die einzelnen Farben entsprechen, das heißt, wie viele Menschen auf einem Quadratkilometer leben.

Die Bevölkerungsdichte hängt von vielen Gegebenheiten ab, wie z. B. Klima und Landschaft. So ist beispielsweise der Kontinent Antarktika – die kälteste Region der Erde – unbewohnt. Das rauhe Klima macht die Besiedlung nahezu unmöglich.

Klimatisch und landschaftlich begünstigte Gebiete sind häufig dicht besiedelt. So erklärt sich das schmale Band mit hoher Bevölkerungsdichte, das nordwärts durch die Wüsten des Sudan und Ägyptens führt, durch den Verlauf des Nils. Die Menschen hier leben nahe an seinen fruchtbaren Ufern.

Betrachtet die roten und violetten Regionen – die Gebiete der Welt mit der höchsten Bevölkerungsdichte. Die riesige

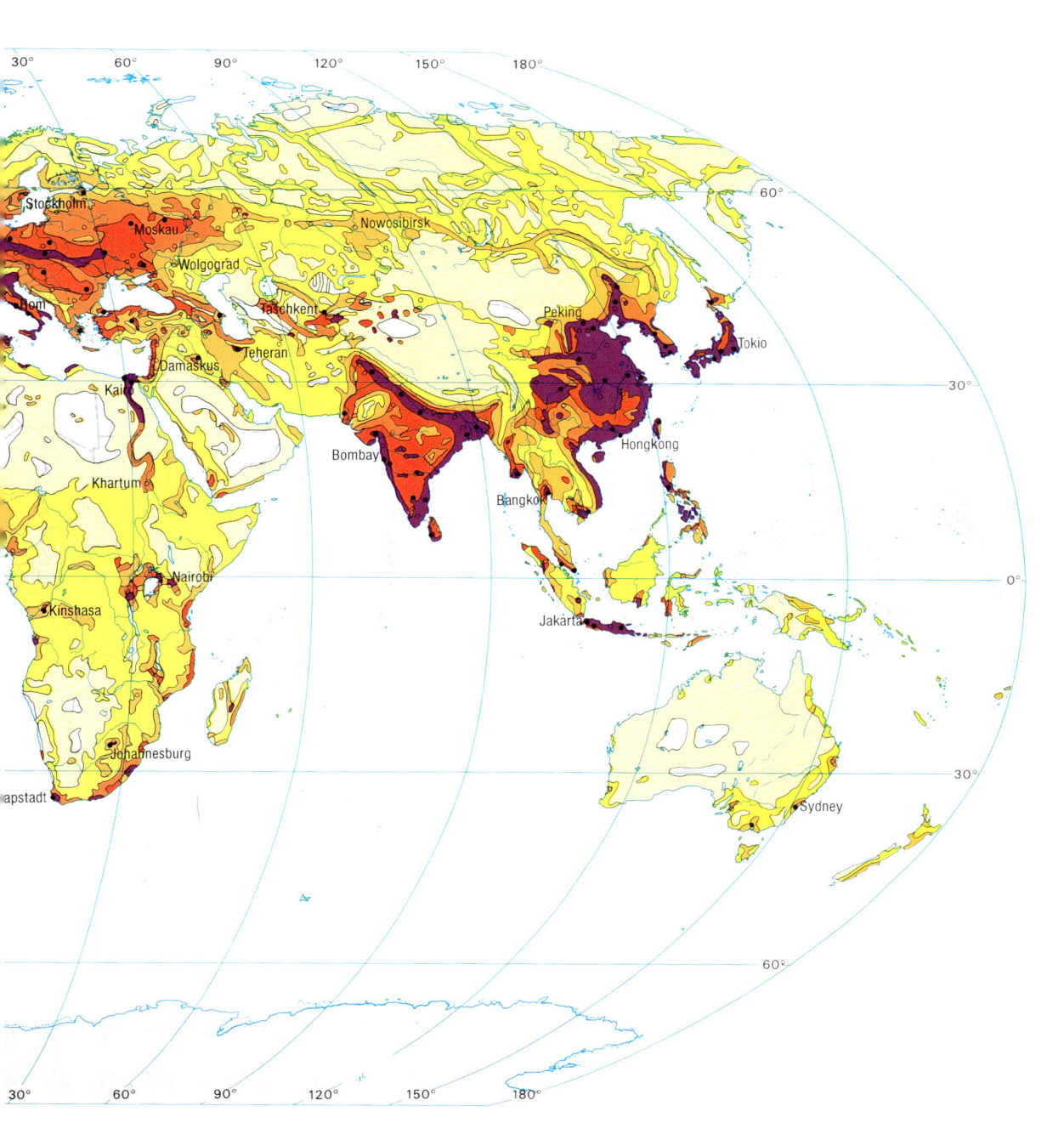

Bevölkerung Indiens und Chinas lebt vor allem in den landwirtschaftlich genutzten Regionen. In Staaten wie China, Indien und der Türkei leben die meisten Menschen auf dem Land und nicht in Städten.

In Europa und den USA entstanden die am dichtesten besiedelten Gebiete – Städte oder Stadtlandschaften – oft in der Nähe von gutem Ackerland, von Rohstoffvorkommen und Handelswegen, vor allem in der Nähe von Wasserstraßen. In den USA konzentriert sich die Bevölkerung entlang der Nordostküste, der Ufer der Großen Seen und des Mississippi und der Westküste. Der Großteil der Bevölkerung von Australien, Argentinien, Kanada, Frankreich, Japan und den USA lebt in Städten, während die Bevölkerung der GUS sich gleichmäßiger auf Stadt und Land verteilt.

Eines der am dichtesten besiedelten Länder der Welt ist Japan. Es umfaßt etwas weniger Fläche als Kalifornien, wird aber von mehr als 123 Millionen Menschen bevölkert.

UNSER PLANET ERDE
Die Staaten

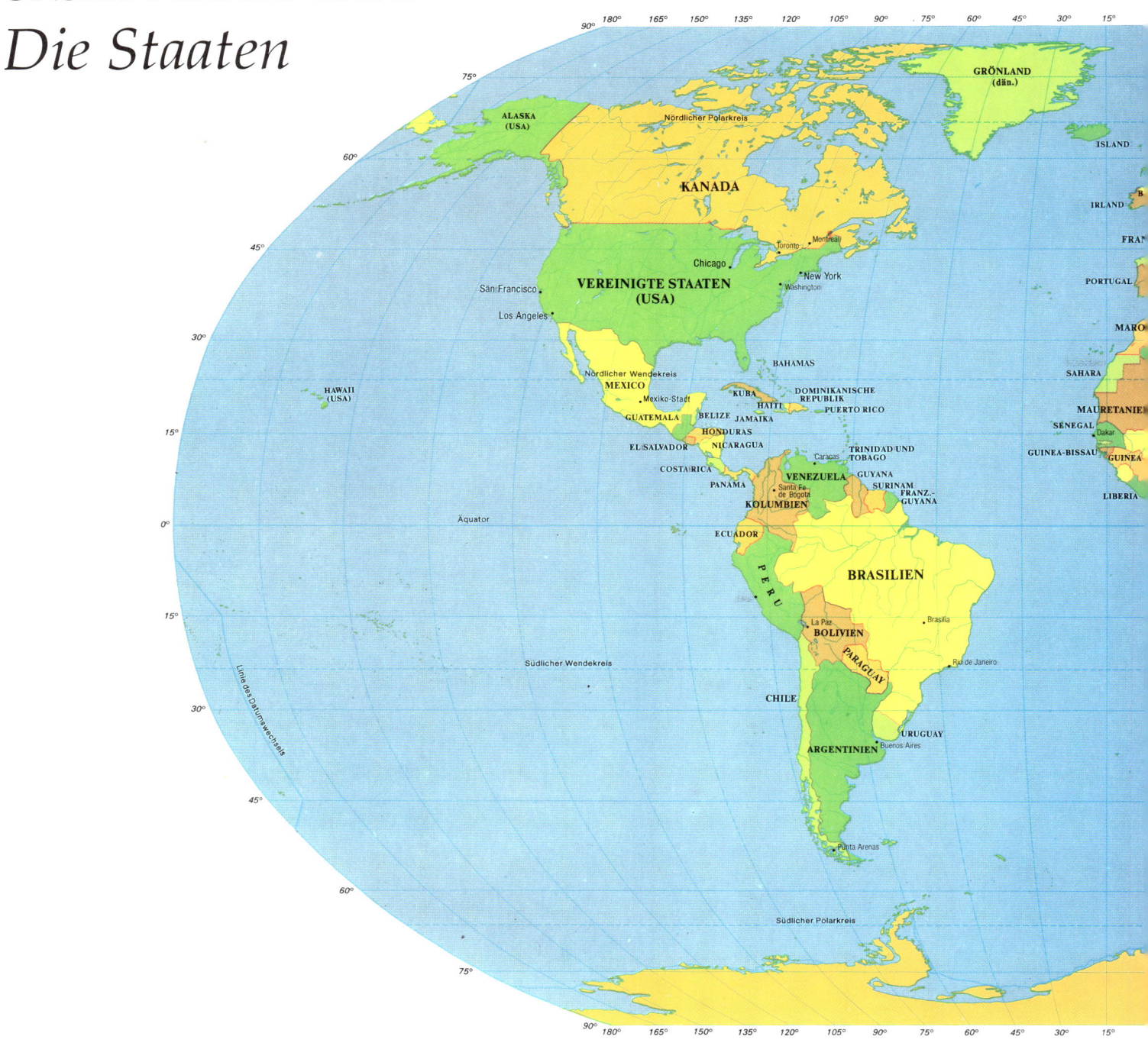

Diese Karte zeigt die Länder der Erde. Die Farben und die Linien sagen aus, wie die Grenzen der Staaten verlaufen. Diese Art von Karte wird als *politische Karte* bezeichnet, weil sie die politischen Grenzen der Staaten zeigt.

Nationale Grenzen werden auf der Karte durch dünne rote Linien angezeigt. Diese Linien teilen die Welt in verschiedene Länder auf. Manchmal folgen sie natürlichen Grenzen wie Gebirgsketten oder Flüssen. So verläuft beispielsweise die Nordwestgrenze Chinas entlang eines Flusses. In manchen Fällen hingegen wurde die Grenzlinie von Menschen gezogen – wie der gerade Teil der Grenze zwischen Kanada und den USA.

Obwohl die meisten politischen Grenzen der heutigen Welt seit langer Zeit bestehen, kommt es immer noch zu Änderungen. So verschwand zum Beispiel 1990 die Grenze zwischen West- und Ostdeutschland, als sie wieder zu einem Staat vereinigt wurden.

Einige Länder sind sehr groß. Rußland ist der größte Staat der

UNSER PLANET ERDE 17

Welt. Der kleinste unabhängige Staat der Welt ist Vatikanstadt. Als Heimat des Papstes und Zentrum der katholischen Kirche verfügt dieser Staat nur über 800 Einwohner.

Die Menschen fassen die Länder oft in Großregionen zusammen, in *Kontinente*. Fast alle der sieben Kontinente werden von großen Landmassen gebildet, die nahezu ringsum von Wasser umgeben sind.

Dieser Atlas teilt die Welt in sieben kontinentale Regionen ein: Europa, Asien, Afrika, Nordamerika, Südamerika, Antarktika und das Gebiet des Südpazifik, das Ozeanien genannt wird. Die Inseln im Südpazifik bilden zusammen mit Australien Ozeanien, auch wenn sie politisch nicht zu Australien gehören.

Für jeden Kontinent – abgesehen von Antarktika – gibt es in diesem Atlas einen Abschnitt zur Landschaft, einen zur Tierwelt, einen Abschnitt, der sich mit Wirtschaft und Kultur der dort lebenden Menschen beschäftigt, und einen Überblick über die Staaten und Städte.

Gebrauch des Atlas

Der Atlas ist ein Führer durch die Welt; er kann sehr vielfältig benutzt werden. Aber um die Welt mit deinem Atlas zu entdecken, mußt du fünf Punkte beachten:

- den Kartenmaßstab zur Entfernungsmessung
- Richtungsangaben, Längen- und Breitenkreise
- Ortsbestimmung mit Kartenschlüsseln
- die Eigenart der jeweiligen Karte
- Kartensymbole und Kartenlegenden

Die folgenden Abschnitte bieten Hilfe bei der Beachtung dieser fünf Punkte.

Abbildung 1

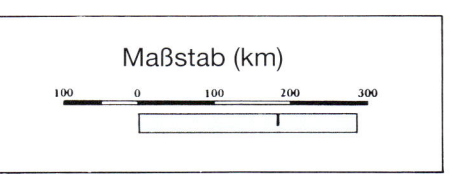

Abbildung 2

Entfernungsmessung

Um eine Karte zu verstehen, muß man ihren Maßstab kennen. Es gibt verschiedene Möglichkeiten, den Maßstab anzugeben. Die einfachste Art seht ihr in Abbildung 2.

Wenn man z. B. die Entfernung zwischen Bergen und Oslo in Norwegen ermitteln möchte, mißt man die Entfernung auf der Karte und stellt sie dem Kartenmaßstab gegenüber. So kann man die reale Entfernung auf der Erde ermitteln.

1. Suche Bergen und Oslo auf der Karte in Abbildung 1.
2. Lege einen Papierstreifen auf die Karte, so daß er die beiden Städte berührt, und bewege den Streifen, bis eine Ecke genau auf Bergen liegt.
3. Markiere auf dem Papierstreifen, wo Oslo liegt, so daß die Entfernung von der Ecke des Streifens bis zu dieser Markierung der Entfernung von Bergen nach Oslo entspricht.
4. Die Zahlen im Maßstab in Abbildung 2 entsprechen Kilometern auf der Erde. Lege den Papierstreifen so auf den Maßstab in Abbildung 2, daß die Ecke auf der 0 liegt.
5. Du siehst, daß die markierte Strecke, die der Entfernung zwischen Bergen und Oslo entspricht, 300 Kilometer beträgt.

Richtungsangaben, Längen- und Breitenkreise

Die meisten Karten in diesem Atlas sind so gezeichnet, daß Norden oben ist, Süden unten, Osten rechts und Westen links.

Oft sind auch Linien wie ein Netz über die Karten gespannt, die *Längen-* und *Breitenkreise*. Sie dienen zum leichteren Auffinden von Orten und Richtungsangaben.

Wie Abbildung 3 zeigt, laufen die Breitenkreise oder Parallelkreise von West nach Ost. Der Äquator ist ein Breitenkreis und läuft genau um die Mitte der Erdkugel. Die anderen Breitenkreise zeigen an, wie weit ein Ort nördlich oder südlich vom Äquator entfernt ist. Breitenkreise werden in *Graden* angegeben, die die Entfernung messen. Der Äquator liegt auf null Grad

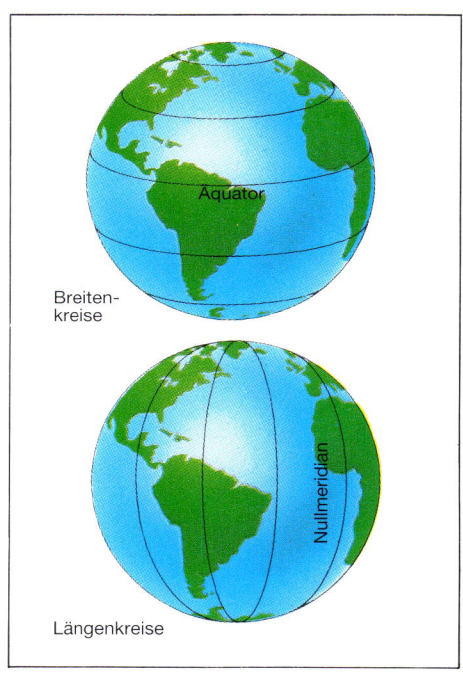

Abbildung 3

(0°) Breite. Die Zahlen steigen in beiden Richtungen (Nord und Süd) an, je weiter man sich vom Äquator entfernt. Die Karte in Abbildung 1 zeigt, daß Bergen nördlich von sechzig Grad (60°) nördlicher Breite und Stockholm südlich dieses Breitenkreises

GEBRAUCH DES ATLAS 19

liegt. Also ist Bergen weiter nördlich als Stockholm.

Die Längenkreise oder Meridiane verlaufen in Nord-Süd-Richtung zwischen den beiden Polen, wie Abbildung 3 zeigt. Auch sie werden wie die Breitenkreise in Graden gemessen. Der *Nullmeridian* liegt bei null Grad (0°) Länge. Längenkreise geben an, wie weit ein Ort westlich oder östlich vom Nullmeridian entfernt ist. Die Zahlen steigen an, je weiter man sich in einer Richtung (Ost oder West) entfernt. In Abbildung 1 liegt Bergen ungefähr fünf Grad (5°) östlich des Nullmeridians und Stockholm fast zwanzig Grad (20°). Somit liegt Stockholm östlicher als Bergen.

Der Kartenschlüssel

Eine der wichtigsten Funktionen eines Atlas ist es, die Lage eines Ortes anzugeben. Um einen Ort schnell und einfach finden zu können, verfügen die meisten Atlanten über ein Register, das Ortsnamen und Angaben umfaßt, die aus Buchstaben und Zahlen bestehen, den sogenannten *Kartenschlüssel*.

Um z. B. Santiago, eine Großstadt in Chile, Südamerika, zu finden, benutzt man den Kartenschlüssel:

1. Suche den Namen der Stadt „Santiago" im Register am Ende des Atlas. Du findest eine Eintragung wie in Abbildung 4. Die Zahl *88* steht für die Seite, auf der sich die Karte befindet. Der Kartenschlüssel *C2* liefert Buchstaben und Zahlen, mit deren Hilfe man Santiago auf der Karte auf Seite 88 findet.
2. Betrachte Abbildung 5. Es handelt sich um einen Ausschnitt aus der Karte auf Seite 88, die den Süden von Südamerika zeigt.
3. Am linken Rand der Karte findest du die Buchstaben *A* bis *C* und am oberen Rand die Zahlen *2* bis *4*. Die Zahlen und Buchstaben stehen in der Mitte zwischen zwei Längen- bzw. Breitenkreisen.
4. Um Santiago zu finden, mußt du den Schlüssel C2 benutzen. Du gleitest mit einem Zeigefinger von der 2 senkrecht nach unten und mit dem anderen Zeigefinger von C nach rechts, jeweils innerhalb der begrenzenden Längen- und Breitenkreise. Die Finger

Abbildung 5

88 Süden Südamerikas • Geographisch

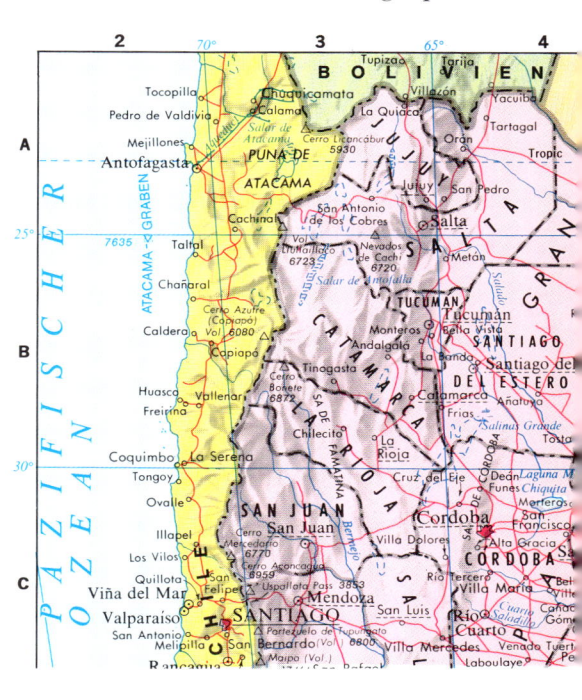

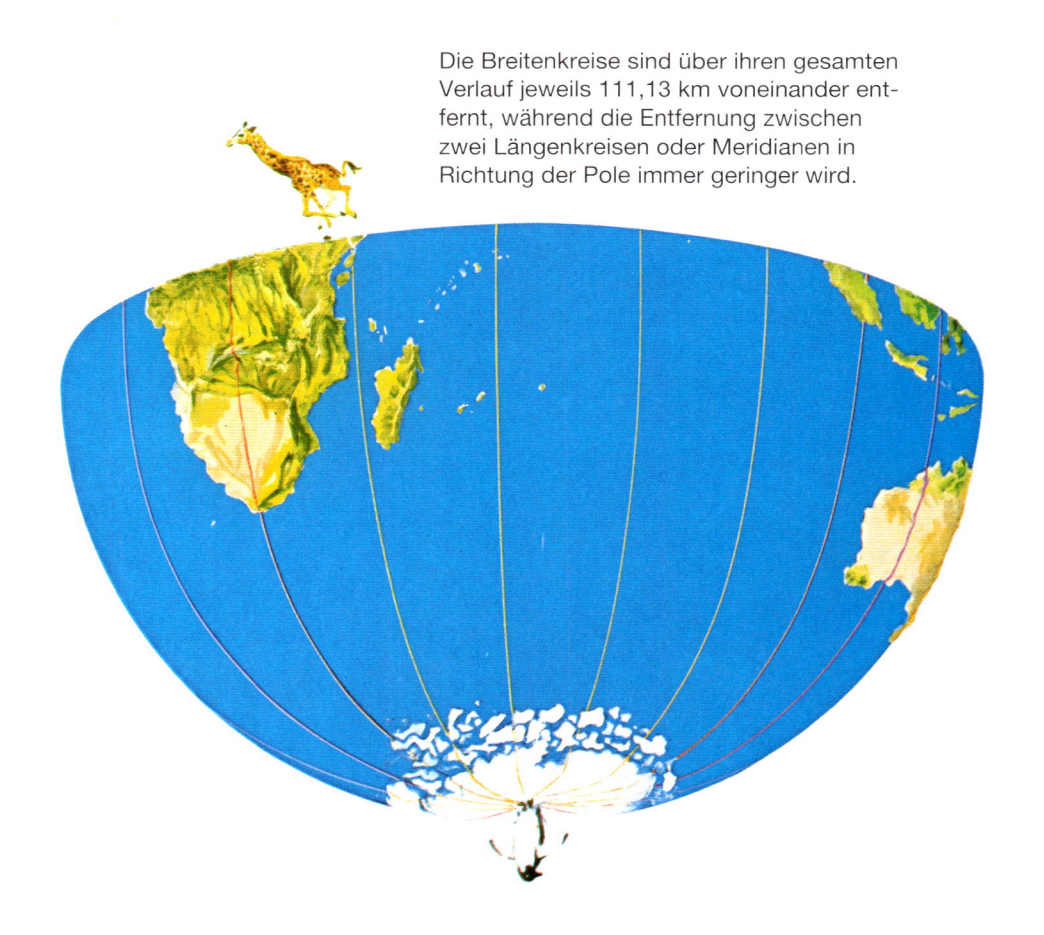

Die Breitenkreise sind über ihren gesamten Verlauf jeweils 111,13 km voneinander entfernt, während die Entfernung zwischen zwei Längenkreisen oder Meridianen in Richtung der Pole immer geringer wird.

Abbildung 4

Santiago, Chile	C2	88
Santo Domingo, Dominikanische Republik	E11	77

GEBRAUCH DES ATLAS

treffen sich in dem Viereck, in dem Santiago liegt.

Mit dieser Methode kann man jeden Ort im Atlas finden. Besteht der Kartenschlüssel aus einem Kleinbuchstaben und einer Zahl, dann findet man den Ort auf einer kleineren Nebenkarte und nicht auf der Hauptkarte der jeweiligen Seite. Über zwei Kartenschlüssel verfügen diejenigen Gebiete, die auf mehr als einer Karte im Atlas dargestellt werden.

Die unterschiedlichen Karten

Es gibt verschiedene Arten von Karten, die jeweils für einen bestimmten Zweck besonders geeignet sind. Zur Erkundung der Oberflächengestalt der Erde zeigen *Landschaftskarten* zerklüftete Gebirge und riesige Ebenen. Zu besonderen Themen wie der Tierwelt einer Region bieten *thematische Karten* eine einfache Möglichkeit, um Unterschiede weltweit zu verdeutlichen. Zum Studium der Länder zeigen *politische Karten* die Staaten der Welt mit Städten, Straßen und Eisenbahnlinien. Die *geographischen Karten* in diesem Atlas sagen am meisten über den jeweiligen Kontinent aus. Sie befinden sich in größerem Maßstab jeweils allein auf einer Seite.

Die *Landschaftskarten* geben einen Überblick über die Landschaften eines Kontinents. Sie werden auch physische Karten genannt, weil sie nur die Natur, die physische Gestalt des Landes zeigen. Zu den physischen Merkmalen gehören Ozeane, Seen, Flüsse, Gletscher, Berge und andere natürliche Merkmale der Erde.

Die *thematischen Karten* befinden sich in den Abschnitten, die sich mit der Tierwelt und mit Wirtschaft und Kultur beschäftigen. Auf den thematischen Karten sind Bilder verteilt, die etwas über die verschiedenen Regionen auf der Karte aussagen. Auf der thematischen Karte zur Tierwelt Nordamerikas kannst du erkennen, daß die Waschbä-

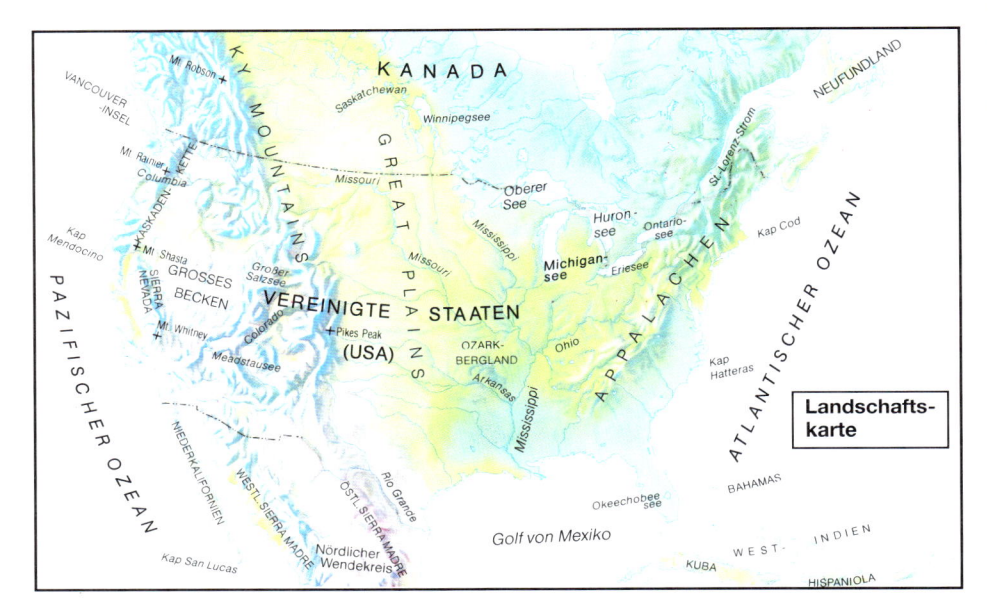

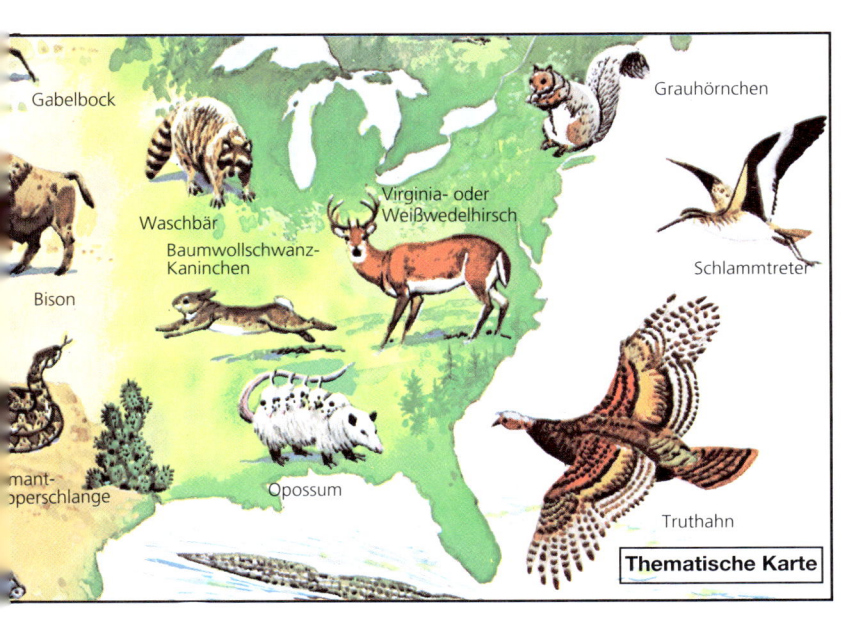

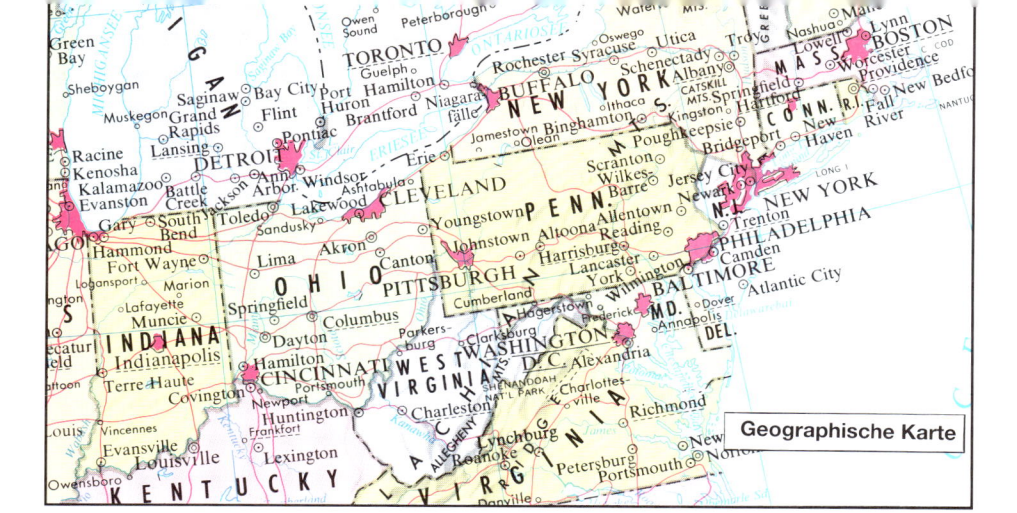

GEBRAUCH DES ATLAS 21

Geographische Karte

Kartensymbole und Kartenlegenden

Die Gestaltungsmerkmale der Welt – wie Städte, Flüsse und Seen – werden auf den Karten durch Symbole repräsentiert. Die *Kartenlegende* erklärt die Symbole. Auf den geographischen Karten in diesem Atlas steht als Symbol für eine Stadt ein Punkt oder eine rot gefärbte Fläche, je nachdem, wie groß die Stadt ist. Blaue Linien stehen für Flüsse, und Eisenbahnstrecken werden mit roten Linien angezeigt.

Die auf der rechten Seite abgebildete Legende zu den geographischen Karten teilt die geographischen Merkmale der Erde in drei große Bereiche auf: Zu den von Menschen geschaffenen Merkmalen gehören beispielsweise Städte, Straßen, Eisenbahnen, Dämme und politische Grenzen. Zur Gestalt des Landes gehören Merkmale wie Gipfel, Bergpässe und Höhenangaben, die die Höhenlage bestimmter Punkte eines Gebirges angeben. Die Gestalt von Gewässern beschreiben Symbole für Flüsse, Seen, Sümpfe und Gletscher. Schlagt diese Kartenlegende jeweils nach, wenn ihr mit den geographischen Karten arbeitet.

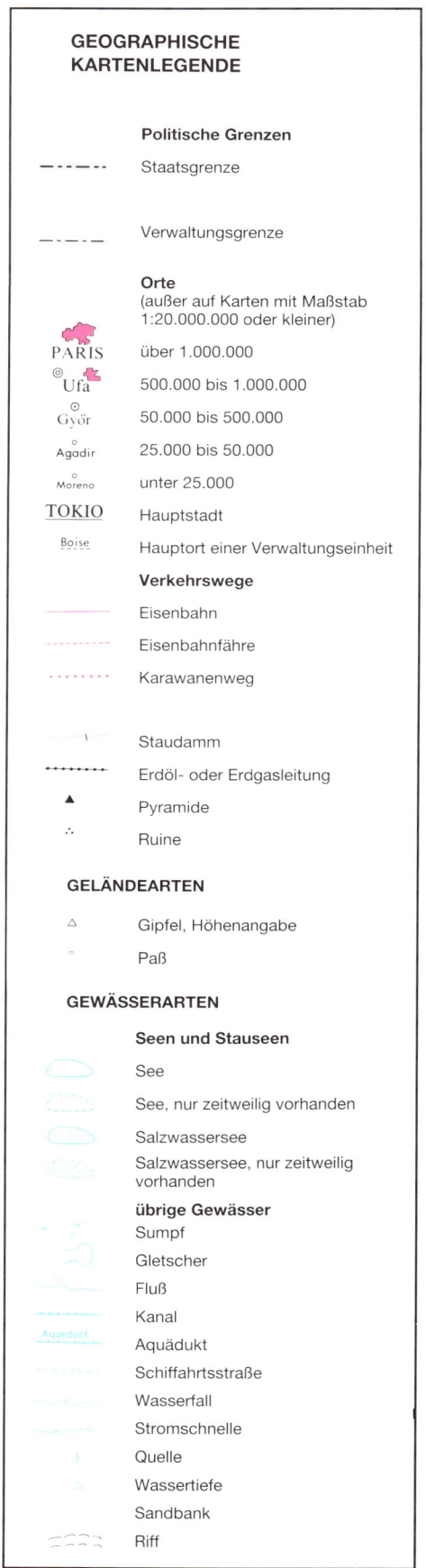

ren im Gebiet um die Großen Seen leben. Die andere Art thematischer Karten in diesem Atlas zeigt, womit sich Menschen in den verschiedenen Regionen eines Kontinents beschäftigen.

Die *politischen Karten* zeigen die von Menschen geschaffene Unterteilung der Welt in Länder, Staaten und Städte. Diese Karten finden sich in den Abschnitten zu Staaten und Städten. Sie zeigen die Grenzen der Staaten eines Kontinents und die größeren Städte. Auf der politischen Karte Nordamerikas sind die Grenzen der USA und Kanadas mit einem dicken, grauen Strich gezeichnet, während dünnere graue Linien Bundesstaaten oder Provinzen begrenzen. Ganz dünne graue Linien kennzeichnen Eisenbahnstrecken, Hauptstraßen erscheinen in Rot. Andere Staaten wie Kanada oder Mexiko sind jeweils verschiedenartig gefärbt.

Wenn man sich eine Karte vorstellt, denkt man oft an geographische Karten. Um ihnen möglichst viele Informationen entnehmen zu können, muß man wissen, wofür die verschiedenen Symbole auf der Karte stehen. Diese Karten liest man mit Hilfe der *Kartenlegende*, die nun besprochen wird.

GEOGRAPHISCHE KARTENLEGENDE

Politische Grenzen

- - - - - Staatsgrenze

――――― Verwaltungsgrenze

Orte
(außer auf Karten mit Maßstab 1:20.000.000 oder kleiner)

- PARIS — über 1.000.000
- ◉ Ufa — 500.000 bis 1.000.000
- ⊙ Györ — 50.000 bis 500.000
- ○ Agadir — 25.000 bis 50.000
- ○ Moreno — unter 25.000
- TOKIO — Hauptstadt
- Boise — Hauptort einer Verwaltungseinheit

Verkehrswege

- ――――― Eisenbahn
- - - - - - Eisenbahnfähre
- .... Karawanenweg

- Staudamm
- .... Erdöl- oder Erdgasleitung
- ▲ Pyramide
- ∴ Ruine

GELÄNDEARTEN

- △ Gipfel, Höhenangabe
- = Paß

GEWÄSSERARTEN

Seen und Stauseen

- See
- See, nur zeitweilig vorhanden
- Salzwassersee
- Salzwassersee, nur zeitweilig vorhanden

übrige Gewässer

- Sumpf
- Gletscher
- Fluß
- Kanal
- Aquädukt
- Schiffahrtsstraße
- Wasserfall
- Stromschnelle
- Quelle
- Wassertiefe
- Sandbank
- Riff

Europa
Landschaft

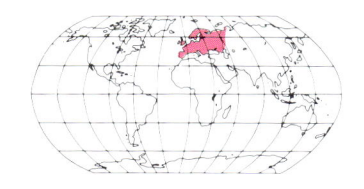

Europa

Sechstgrößter Kontinent

•

Dritthöchste Einwohnerzahl: 728.000.000

•

39 Weltstädte mit mehr als
1 Million Einwohnern

•

Höchster Berg: Montblanc, 4810 Meter

•

Rom und Chicago liegen auf
demselben Breitengrad

Viele Teile Europas liegen im Schatten hoher Gebirge. Die großartigsten Gipfel gehören zu den Alpen, einer Gebirgskette, die sich durch Südostfrankreich, die Schweiz, Norditalien, Süddeutschland, Österreich und Slowenien zieht. Drei weitere Gebirgsketten setzen die Alpen in andere Länder fort. Der Ärmelkanal trennt das europäische Festland von den Inseln, die gemeinsam Großbritannien bilden. England liegt auf der größten dieser Inseln, durch die sich der Penninische Gebirgszug wie ein höckriges Rückgrat erstreckt.

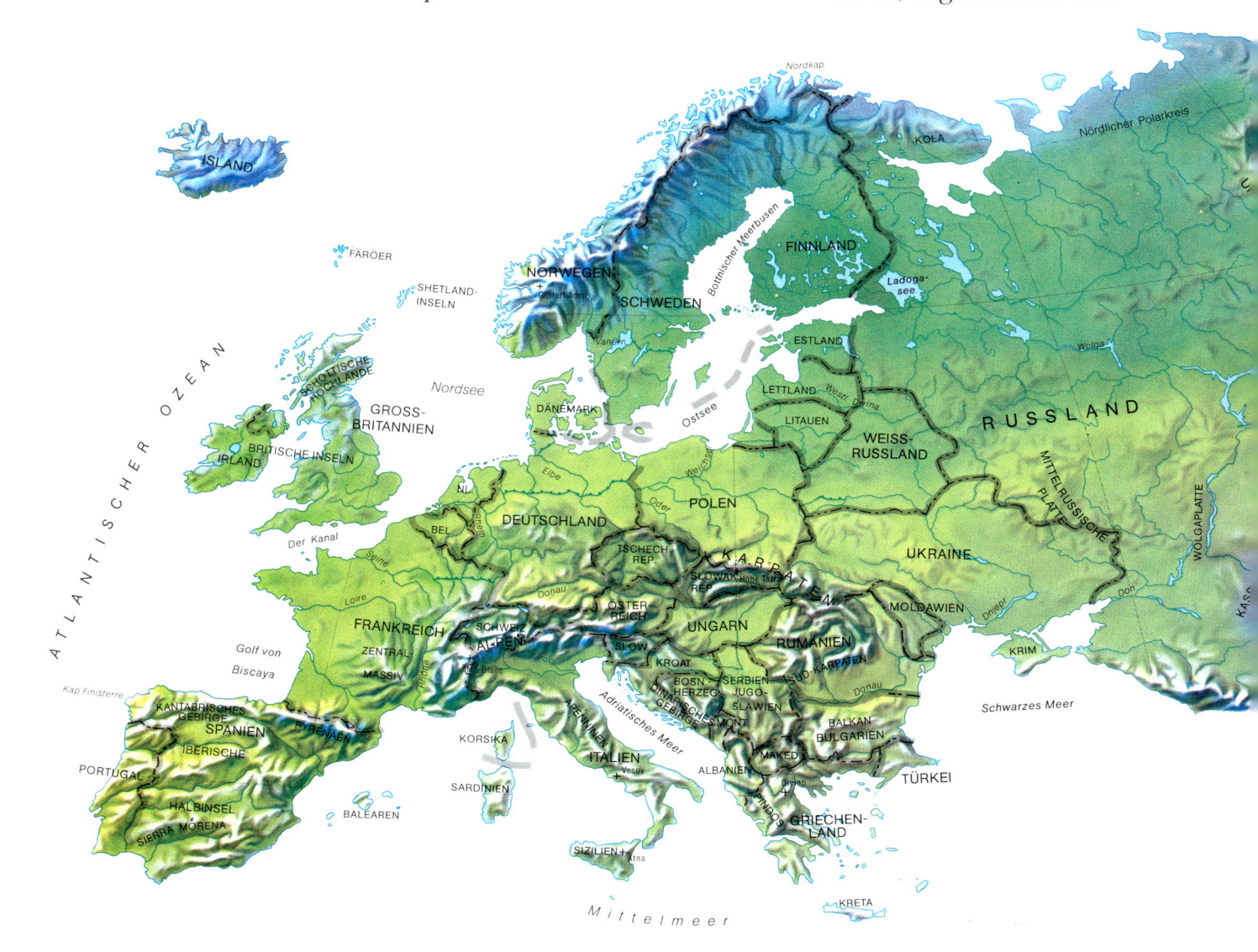

Das nordeuropäische Festland ist sehr gebirgig. Das schwedische und norwegische Hochland ist öde und karg. Die Landschaft war einst von großen Eismassen, sogenannten Gletschern, bedeckt. Diese Gletscher wanderten ganz langsam über das Land und hinterließen tiefe Spuren in Form von Tälern zwischen den Bergen. Später füllten sich diese Täler mit Meerwasser und bildeten die bekannten Fjorde.

Weit im Osten Rußlands bildet der Ural die Grenze zwischen Europa und Asien.

Südwestlich der Alpen liegen die Pyrenäen, die Frankreich und Spanien trennen. Spanien und Portugal liegen auf einer Halbinsel, einer Landmasse, die fast ganz von Wasser umgeben ist.

Viele berühmte Flüsse entspringen in den europäischen Gebirgen. Der Rhein fließt nördlich aus der Schweiz nach Deutschland, bildet die Grenze zu Frankreich und mündet in den Niederlanden in die Nordsee.

Der nördliche Teil Mitteleuropas, die Nordeuropäische Tiefebene, besteht aus sehr fruchtbarem Land. Das reiche Agrarland in dieser Gegend liefert Nahrung für große Teile Europas. Die dortigen Bodenschätze ließen das Ruhrgebiet zu einem weltweit bedeutenden Zentrum der Schwerindustrie werden.

Südlich des europäischen Festlandes, im Mittelmeer, liegen viele Inseln. Zu ihnen gehören Korsika, Sardinien, Sizilien und die griechischen Inseln. Die warmen, sonnigen Strände des Mittelmeers sind bei Touristen beliebt.

Die Grafschaft Kerry im Südwesten Irlands wird von einer zerklüfteten Küste und grünen Weiden geprägt.

Die zerklüfteten, schneebedeckten Gipfel der Schweizer Alpen. Der Tourismus ist in der Schweiz ein bedeutender Wirtschaftsfaktor.

Mykonos und die übrigen griechischen Inseln in der Ägäis sind ein Teil des Pindos-Gebirges. Vor Millionen Jahren führte ein Anstieg des Meeresspiegels dazu, daß nur noch die Berggipfel aus dem Meer ragten.

EUROPA
Tierwelt

- Hering
- Große Raubmöwe
- Nonnengans
- Rentier
- Kegelrobbe
- Vielfraß
- Lemming
- Hase
- Riesenhai
- Rothirsch
- Otter
- Birkhuhn
- Fasan
- Dachs
- Igel
- Kaninchen
- Fuchs
- Lachs
- Gemse
- Teichhuhn
- Rothuhn
- Storch
- Murmeltier
- Eichhörnchen
- Großtrappe
- Berberaffe
- Seezunge
- Moorente
- Wiedehopf
- Mittelmeermakrele

EUROPA 25

Der größte Teil der riesigen wildreichen Wälder, die einst weite Teile Europas bedeckten, wurde schon vor langer Zeit abgeholzt, um Platz für die Landwirtschaft, für Dörfer und Städte zu schaffen. Viele europäische Tierarten wurden gejagt, bis sie ausgerottet waren. Doch in den wenigen unberührten Gebieten, die übrigblieben – meist Nationalparks und Wildreservate –, leben noch einige der Tiere, die einst über ganz Europa verbreitet waren.

Zottige Wildschweine mit krummen Hauern findet man in den Wäldern Mitteleuropas. Selbst Wolfsrudel gibt es noch in einigen Gebieten, und im Norden Rußlands tapst noch der riesige Braunbär umher.

Viele kleinere Tierarten sind in Europa heimisch. So sind Füchse, Dachse, Maulwürfe, Kaninchen und Eichhörnchen weit verbreitet. In den Bergen Norwegens und Schwedens gibt es die kleinen Lemminge in hoher Zahl. Der Igel ist in Nordeuropa häufig zu finden.

Kleine gestreifte Wildkatzen leben in einigen Balkanstaaten. Eine größere Wildkatze, der Pardelluchs, kommt in Spanien vor. Er wird bis zu einem Meter lang, hat spitze Ohren und dicke Schnurrbarthaare und ist als schneller Jäger gefürchtet.

Spatzen, Drosseln, Finken, Nachtigallen und Raben findet man in ganz Mitteleuropa. Das gilt auch für große Raubvögel wie Falken und Adler. Während des Sommers ist der große Weißstorch ein vertrauter Anblick in einigen niederländischen, belgischen und deutschen Dörfern, wo er auf Schornsteinen nistet.

In einem polnischen Waldschutzgebiet weiden ungefähr 1600 Wisente, die Bisons des alten Europas, auf grasreichen Lichtungen, wie sie es schon vor Jahrtausenden getan haben. Der Wisent erreicht Schulterhöhen von bis zu 1,80 Meter.

EUROPA
Wirtschaft und Kultur

- Fischfang
- Erdwärmekraftwerk
- Rentierherden
- Kohlenbergbau
- Holzwirtschaft
- Fischfang
- Konservenfabriken
- Papierherstellung
- Agrarland
- Milchwirtschaft
- Fischfang
- Erdölförderung auf hoher See
- Troika (Dreigespann)
- Agrarland
- Käseherstellung
- Milchwirtschaft
- Agrarland
- Schwerindustrie
- Schwerindustrie (Stahl)
- Britisches Parlament
- Tulpenfelder
- Landwirtschaft
- Milchwirtschaft
- Märchenland der Brüder Grimm
- Eiffelturm
- Weinberge
- Zitrusfrüchte
- Seehandel
- Erdölfelder
- Weizenfelder
- Matterhorn
- Leichtindustrie
- Korkeichen
- Schafzucht
- Wassersport
- Römische Ruinen
- Olivenhaine
- Stierkampf
- Olivenhaine
- Weinberge
- Oper
- Weinberge
- Ruinen der griechischen A...

Der ganze europäische Kontinent schließt sich an Asien an und ragt reich gegliedert ins Meer hinaus. Kein Teil Westeuropas ist weiter als 500 Kilometer vom Meer entfernt. Es verwundert daher kaum, daß viele Europäer vom Fischfang und von der Schiffahrt leben.

Zwischen den vielen Gebirgen Europas liegen die meisten europäischen Agrarbetriebe. Mehr als die Hälfte des Kontinents wird landwirtschaftlich genutzt. Dabei spielt auch die Viehzucht eine wichtige Rolle.

Die modernen Industrien, besonders der Bergbau und die verarbeitende Industrie, entstanden in Europa. Viele der heute führenden Industriestaaten der Welt liegen hier.

Auch die europäischen Inselstaaten Island, Irland und Großbritannien sind ein Teil des Kontinents. Zum Vereinigten Königreich oder United Kingdom gehören Großbritannien (England, Schottland, Wales) und Nordirland. Das Klima setzt der Landwirtschaft Grenzen, aber durch mechanisierte Anbaumethoden produziert die Nation die Hälfte ihres Lebensmittelbedarfs selbst.

Skandinavien ist dünner besiedelt als der Rest des Kontinents. Seine dichten Wälder liefern Holz. Norwegen, Finnland und Schweden exportieren Papier, Möbel und andere Holzprodukte.

Europa ist nach Australien der zweitkleinste Kontinent, hat aber nach Asien die zweitgrößte Einwohnerzahl, ist also sehr dicht besiedelt.

EUROPA
Staaten und Städte

In Europa hat es viele Kriege gegeben, durch die sich die Grenzen der Staaten im Lauf der Jahrhunderte verschoben haben. Auch in unserem Jahrhundert sind durch den Ersten und Zweiten Weltkrieg die Grenzen vieler Staaten verändert worden, einige Staaten sind neu entstanden. 1990 vereinigten sich die Bundesrepublik Deutschland und die DDR wieder zu einem einzigen gemeinsamen Staat.

Heute werden in fast allen europäischen Staaten die Regierungen gewählt. In einigen Staaten sind noch die Nachfahren der Könige und Königinnen, die einst in den meisten europäischen Länder herrschten, in Amt und Würden, doch sie haben kaum Einfluß auf die Regierung.

Die Staaten Osteuropas wurden bis vor kurzem vom Kommunismus beherrscht. In diesen Staaten kontrollierte die Regierung die gesamte Wirtschaft und weite Teile des öffentlichen und privaten Lebens. Alle osteuropäischen Staaten unterhielten enge Verbindung zur damaligen Sowjetunion. Heute versucht Osteuropa, Anschluß an die westlichen Demokratien zu finden.

Reisende durch Europa müssen mit vielen Sprachen zurechtkommen. Die Franzosen, Italiener, Spanier, Portugiesen und Rumänen sprechen verschiedene Sprachen – die sogenannten romanischen Sprachen –, die aber alle auf Latein zurückzuführen sind. Die Menschen in Deutschland, in den Niederlanden, in England, Dänemark, Schweden und Norwegen sprechen unterschiedliche Sprachen, die alle aus dem Germanischen hervorgegangen sind. Im Osten Europas sprechen die Völker Polens, der Tschechischen Republik, der Slowakei, Kroatiens, Serbiens, Bulgariens und der GUS Sprachen, die aus dem Slawischen entstanden sind.

Europa hat viele Weltstädte, reich an Geschichte und Kultur. Athen in Griechenland und Rom in Italien sind mehrere tausend Jahre alt. Paris entstand vor mehr als zweitausend Jahren. Es wurde ca. 52. v. Chr. von Soldaten des Römischen Reiches gegründet. Trondheim in Norwegen entstand ca. 998 n. Chr.

Die Stadt Paris bildet mit ihren Vororten die zweitgrößte Stadtlandschaft Europas. Der hier abgebildete Eiffelturm wurde zu einem Symbol französischer Leistungskraft.

Straßen
Eisenbahnen

EUROPA

EUROPA 31

NORDASIEN

NORDASIEN

Asien
Landschaft

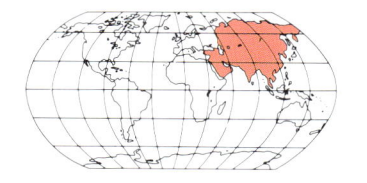

Asien

Größter Kontinent

•

Höchste Einwohnerzahl: 3.690.000.000

•

125 Weltstädte mit mehr als 1 Million Einwohner

•

Höchster Berg der Erde: Mount Everest, 8847,73 Meter

•

Größter See der Erde: Kaspisches Meer, 370.989,88 Quadratkilometer

•

Tiefste Stelle der Erdoberfläche, die nicht von Wasser bedeckt ist: Ufer des Toten Meers, 403 Meter unter dem Meeresspiegel

Asien ist der größte Kontinent der Erde. Er umfaßt mehr Land als Nordamerika, Europa und Australien zusammen. Weil es so riesig ist, ist Asien ein Land der Gegensätze. Hier findet man die höchsten Gebirge, die längsten Flüsse, die größten Wüsten, die kältesten und die heißesten Klimazonen.

Asien beginnt am Ural in Rußland und erstreckt sich mehr als 5000 Kilometer in östlicher Richtung bis zum Pazifischen Ozean. Nordasien, auch als Sibirien bekannt, gehört zu Rußland.

Südlich von Sibirien erstreckt sich eine ebenso große und rauhe Region. Sie beginnt mit den Wüsten Saudi-Arabiens und reicht über Jordanien, Irak, Iran, durch Zentralasien, durch Teile der GUS und Chinas bis in die Wüsten der Mongolei.

Diese Gegend wird im Süden vom mächtigsten Gebirge der Erde begrenzt, dem Himalaya. Die beiden höchsten Gipfel der Welt, der Mount Everest und der K 2, liegen im Himalaya.

Südlich des Himalaya schließt sich eine riesige dreieckige Landmasse an, in der ein warmes, feuchtes Klima herrscht. Hier liegen Indien, Pakistan, Bangladesch und einige kleinere

Die Abtragung von Kalkstein schuf diesen ungewöhnlichen kegelförmigen Hügel nahe bei Gullin im Südosten Chinas. Eine solche Landschaft wird auch als *Karst* bezeichnet. Bilder von Karstlandschaften finden sich häufig in der traditionellen chinesischen Kunst.

Im Norden Pakistans trocknen Aprikosen, die in der zerklüfteten Landschaft und dem rauhen Klima des Himalaya gezogen wurden, in der Sonne. Der Himalaya erstreckt sich als höchstes Gebirge der Welt über mehr als 2500 Kilometer durch fünf Länder Zentralasiens.

Staaten. Da das Klima freundlicher und das Land fruchtbarer ist, leben hier sehr viele Menschen, so daß dies die Weltregion mit der höchsten Bevölkerungsdichte ist.

Östlich von Indien liegt Südostasien, das Land der großen Regenwälder. Der Boden ist sehr fruchtbar, und es fallen genügend Niederschläge. Aus diesem Grund sind die Staaten dieser Region dicht besiedelt.

Die Region nördlich von Südostasien wird Ferner Osten genannt. Dazu gehören große Teile Chinas, Nordkorea, Südkorea und Japan, die alle dicht bevölkert sind. In China leben sogar mehr Menschen – über eine Milliarde – als in jedem anderen Staat der Welt.

Die vier japanischen Hauptinseln sind Teil einer Kette relativ junger Vulkane. Gebirge nehmen zwei Drittel des Landes ein.

ASIEN
Tierwelt

Asien erstreckt sich vom hohen Norden, der neun Monate des Jahres schneebedeckt ist, bis zu den heißen Dschungeln des Südens. In diesen sehr unterschiedlichen Landschaften findet man in Asien eine fast unüberschaubare Anzahl verschiedenster Tierarten.

Große weiße Eisbären leben auf den Eisschollen vor der nördlichsten Küste Sibiriens. Rentiere, Füchse, Hasen und kleine, mausähnliche Lemminge sind in Nordasien anzutreffen. In Nordchina und Korea findet man den Sibirischen Tiger mit seinem dichten Fell, der sich in kalten, schneereichen Regionen zu Hause fühlt.

In den Wäldern Südasiens wimmelt es von Tieren – Affen, in Bäumen lebende Leoparden, Gaur oder Dschungelrinder in kleinen Herden und Tiger, deren Anzahl immer mehr abnimmt. Der Indische Elefant durchstreift den Wald in Herden von zehn bis fünfzig Tieren.

Die Königskobra, die längste Giftschlange der Welt, ist in diesen Wäldern zu finden. Ihr Biß kann einen Menschen in fünfzehn Minuten töten. In den Wäldern Asiens lebt auch der Feind der Kobra, der Mungo. Er greift die Kobra an und frißt sie.

In den hohen Bambuswäldern im Inneren Chinas lebt der Große Panda, der hauptsächlich nachts aktiv ist. Das Fell dieses freundlichen, bärenähnlichen Geschöpfs ist bis auf die schwarzen Beine, Ohren und Augenflecken weiß gefärbt. Den Katzenbär oder Kleinen Panda, der einem Waschbären ähnlich sieht, findet man im Himalaya, in den Bergen Westchinas und im Norden Myanmars (Burmas).

Das Pamirschaf oder Katschgar, dem schon Marco Polo auf seinen Reisen durch Asien begegnete, trägt die längsten Hörner aller Wildtiere. Die Hörner sind nach außen gedreht und werden bis zu zwei Meter lang.

ASIEN

ASIEN
Wirtschaft und Kultur

Mehr als die Hälfte der gesamten Weltbevölkerung lebt auf dem riesigen Kontinent Asien. Überall in der Welt zieht es die Menschen in Gebiete, wo das Klima und der Boden gute Voraussetzungen für die Landwirtschaft bieten. Zwei Drittel der Bevölkerung Asiens leben von der Landwirtschaft, und die Anbaugebiete des Kontinents sind entsprechend stark bevölkert.

In großen Teilen Chinas, in Japan, Indien und im tropischen Südostasien ist Reis die wichtigste Feldfrucht, das Hauptnahrungsmittel vieler Asiaten. Asien produziert einen Großteil der Weltreisernte. Im Südwesten Asiens, dem sogenannten Vorderasien, wird vor allem Baumwolle angebaut.

Nordasien ist zu kalt, um dort Feldfrüchte anzubauen, und der Boden in Zentralasien ist dazu nicht fruchtbar genug. In diesen Regionen werden Rentiere, Rinder und Schafe gezüchtet.

Erdöl ist heute weltweit einer der wichtigsten Rohstoffe. Unter den Wüsten Vorderasiens gibt es große Erdölvorkommen, und die Staaten dieser Region verkaufen Erdöl an viele andere Länder.

Insgesamt gibt es nicht viel Industrie in Asien; sie konzentriert sich vor allem in Ländern wie Israel, in Teilen Chinas und der GUS. In Südkorea, Taiwan, Singapur und Hongkong wächst die Industrie sehr schnell. Japan, das selber nur über wenige Bodenschätze verfügt, gehört zu den größten Industrienationen der Welt und produziert unter anderem Autos, Chemikalien und elektronische Geräte.

Die Araber Vorderasiens erzählen das Märchen von dem Jungen Aladin, der eine alte Lampe findet. Reibt er diese, so erscheint ein Geist und erfüllt alle seine Wünsche.

Die indonesische Insel Bali vor der Küste Südostasiens ist für ihre Tänze berühmt. Der sogenannte „Legong" erzählt eine alte Geschichte von Liebe und Krieg. Jede Bewegung der Tänzer ist von Bedeutung und erzählt einen Teil der Geschichte.

ASIEN 39

ASIEN
Staaten und Städte

Im riesigen Asien kann man fünf Staatengruppen unterscheiden. Zur ersten Region, dem sogenannten Fernen Osten ganz im Osten des Kontinents, gehören vor allem China und Japan. Indochina und die indonesischen Inseln bilden die zweite Region, die dritte besteht aus der dreieckigen Landmasse, auf der Indien liegt. Die Wüstenstaaten bilden eine vierte Region, während Sibirien als Teil Rußlands eine eigene fünfte Region darstellt.

China ist der Staat mit der weltweit höchsten Einwohnerzahl. Jeder fünfte Mensch der Welt ist ein Chinese! Der industrielle Riese Asiens ist Japan.

Mit einer mehr als fünftausendjährigen Geschichte ist Jerusalem schon seit langer Zeit für Christen, Juden und Moslems eine heilige Stadt. Jerusalem, das nach einem Krieg geteilt und nach einem weiteren wiedervereinigt wurde, wurde 1980 zur Hauptstadt Israels erklärt.

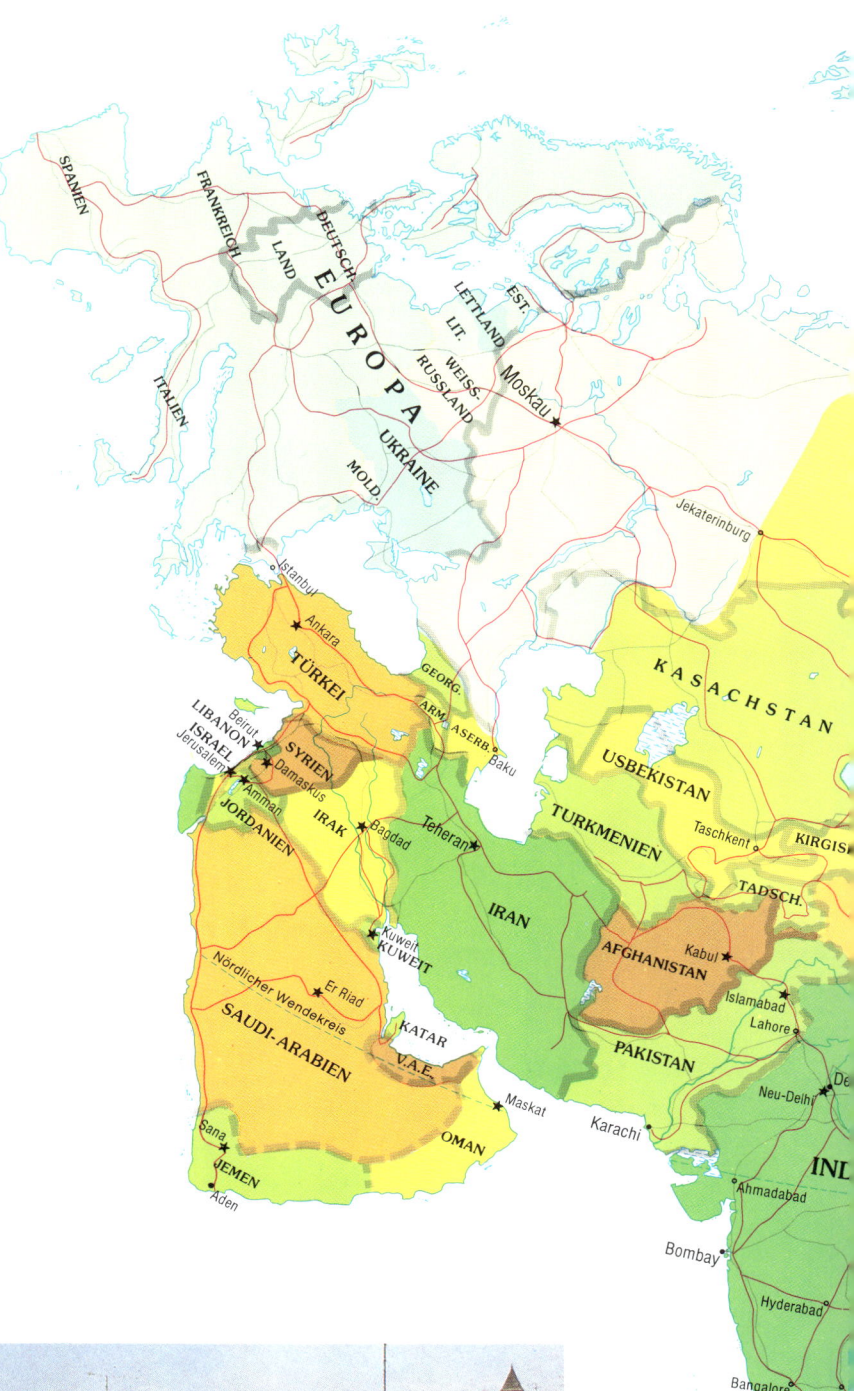

ASIEN 41

Seit dem Zerfall der Sowjetunion wird die Wirtschaftskraft Japans wohl nur noch von den USA übertroffen.

In Indochina findet sich die zweite Gruppe von Staaten. Das Zentrum vieler Länder dieser Region liegt in Flußtälern, in denen Feldfrüchte gut gedeihen. So fließt der Irawadi durch Myanmar (Burma) und der Menam durch Thailand. Kamputschea und Vietnam teilen sich den Unterlauf des Mekong, während Laos im Norden an dessen Oberlauf liegt.

Indien, Pakistan, Bangladesh und Sri Lanka, Staaten der dritten Region, kämpfen mit der Armut. Fast 837 Millionen Menschen leben in Indien, das nach China das bevölkerungsreichste Land der Welt ist. Bangladesh verfügt zwar über fruchtbares Land, doch wegen der primitiven Anbaumethoden wird zuwenig Reis geerntet.

Die Landschaft der vierten Gruppe asiatischer Staaten wird von Wüsten geprägt. In der Türkei, die noch über mehr Agrarland als andere Staaten der Region verfügt, leben nur 63 Millionen Menschen. Nur in Israel ist die Bevölkerungsdichte mit der europäischer Staaten vergleichbar.

Sibirien, die fünfte Region, gehört zu Rußland. Nur wenige Menschen leben weit verteilt in diesem riesigen Land. Ein Drittel der in den GUS-Staaten gewonnenen Kohle stammt aus dem Industriegebiet im Kuznezk-Becken, wo auch Baumaterialien, Chemikalien und Maschinen hergestellt werden.

ASIEN

ASIEN 43

A Golan-Höhen. 1967 von Israel besetzt, 1981 einseitig annektiert.

B Westjordanland. 1950 einseitig von Jordanien annektiert. 1967 von Israel besetzt. Über den Status wird verhandelt. 1993 Vertrag zwischen Israel und der PLO über die Selbstverwaltung Jerichos.

C 1993 Vertrag zwischen Israel und der PLO über Selbstverwaltung im Gaza-Streifen.

Maßstab 1:4 200 000

Maßstab 1:4 200 000

Orte Einwohner	0 bis 25 000	100 000 bis 250 000	über 1 000 000
	25 000 bis 100 000	250 000 bis 1 000 000	geschlossene Besiedlung

Afrika
Landschaft

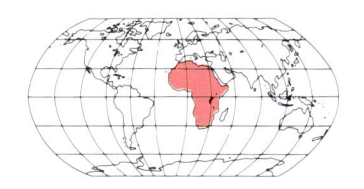

Afrika

Zweitgrößter Kontinent

Zweithöchste Einwohnerzahl: 771.000.000

34 Weltstädte mit mehr als 1 Million Einwohnern

Höchster Berg: Kilimandscharo, 5.894,83 Meter

Größte Wüste der Welt: Sahara, rund 9.065.000 Quadratkilometer

Längster Fluß der Welt: Nil, 6.670,73 Kilometer

Höchste gemessene Temperatur der Erde: Azizia, Libyen, 58° C

Der Äquator halbiert den Kontinent

Afrika ist nach Asien der zweitgrößte Kontinent der Erde, aber nur wenige Menschen machen sich eine Vorstellung von seiner Größe. So haben die gesamten kontinentalen USA (ohne Alaska und Hawaii) innerhalb der Sahara Platz, die sich über mehr als 5000 Kilometer quer durch Nordafrika erstreckt.

Viele Menschen denken an Afrika als Land des tropischen Regenwaldes. In Wirklichkeit jedoch ist Afrika hauptsächlich von Wüsten oder Grasland bedeckt. Die Sahara nimmt den größten Teil Nordafrikas ein. Die Kalahariwüste und die Wüste Namib liegen im Süden, dazwischen erstreckt sich Grasland über Tausende von Quadratkilometern, die *Savanne*. Die tropischen Regenwälder entlang des Äquators nehmen vor allem die Mitte des Kontinents ein.

Afrika hat einige großartige Berge, obwohl ihm die riesigen Gebirgszüge fehlen. Das Atlasgebirge erstreckt sich durch den Norden des Kontinents, durch Marokko, Algerien und Tunesien, und formt eine Barriere zwischen der Nordküste und der Sahara. Diese Berge erhoben sich vor mehr als 30 Millionen Jahren, zur gleichen Zeit wie die europäischen Alpen.

In Ostafrika reihen sich Gipfel zu zwei fast parallelen Geraden. Zu der östlichen Kette gehört der schneebedeckte Kilimandscharo, der höchste Berg Afrikas, der fast 5.900 Meter aufragt.

Dieses Bild zeigt die Art von Grasland, die Savanne heißt und weite Teile Afrikas bedeckt, hier die Savanne in Sambia.

Der Ostafrikanische Graben erstreckt sich über mehr als 6000 Kilometer und kann auf der Karte leicht an den vielen Seen erkannt werden, die seine Täler füllen. Die Querschnitte rechts zeigen einige der Gewässer.

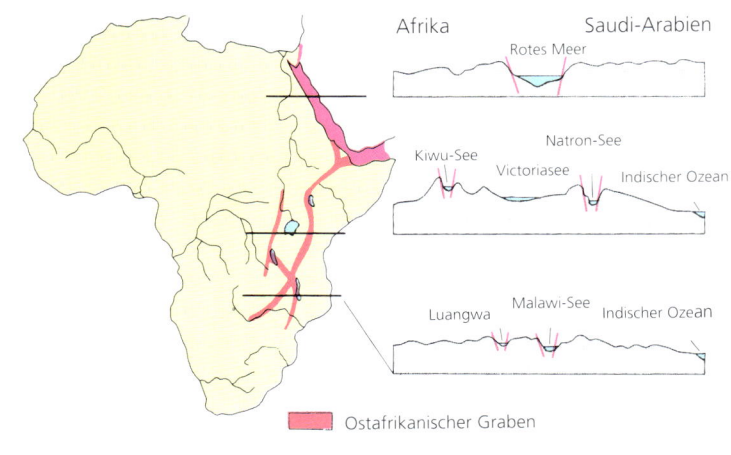

AFRIKA 45

Zwischen den beiden Gebirgszügen befindet sich der Ostafrikanische Graben. Hier senkt sich das Land um mehr als 1000 Meter ab.

Die Drakensberge in Südafrika sind der ungewöhnlichste Gebirgszug des Kontinents. Sie sind eigentlich keine richtigen Berge, sondern der aufgestellte Rand des gewaltigen Hochplateaus, aus dem Afrika besteht.

Vier bedeutende Ströme gibt es in Afrika. Der Niger durchströmt mehrere westafrikanische Staaten und mündet in den Atlantik. Der Kongo entspringt in der Mitte Afrikas im Mitumba-Gebirge, fließt nach Westen und mündet ebenfalls in den Atlantik. Der Sambesi im südlichen Afrika fließt nach Osten in den Indischen Ozean. Und der Nil, der längste Fluß der Erde, zieht nordwärts durch mehrere Länder und mündet ins Mittelmeer.

Palmen säumen das Ufer des Golfs von Guinea im Süden von Ghana. Diese Küstenregion schmückt sich mit weißen Sandstränden und blauen Lagunen.

AFRIKA
Tierwelt

Afrika ist ein Kontinent der Regenwälder, der Savannen und der Wüsten. Jede Landschaft beherbergt verschiedene Tierarten, die sich den dortigen Lebensbedingungen angepaßt haben. Viele afrikanische Tiere sind schöne Geschöpfe. Doch einige dieser großartigen Tiere sind vom Aussterben bedroht.

In Nordafrika erstreckt sich die riesige Wüste Sahara über Tausende von Quadratkilometern. Nur wenige Tiere können in dieser Einöde überleben, und jene, die dort leben, kommen mit wenig oder ohne Wasser aus.

Das bekannteste Tier der Sahara ist das einhöckrige Kamel, das Dromedar. Alle Kamele der Sahara sind gezähmte Lasttiere.

Beiderseits des Äquators erstreckt sich in Zentralafrika der große Regenwald. In ihm wandern Gruppen von Schimpansen umher, die sich von Früchten und zarten Pflanzen ernähren. Hier lebt auch der Gorilla, trotz seiner Größe ein scheues und friedfertiges Tier. Auch gibt es Kaffernbüffel, Leoparden, viele Affenarten und das kleine Okapi, ein Huftier mit braunem Rumpf und gestreiften Beinen.

In den großen Savannen, die nördlich und südlich des zentralafrikanischen Regenwaldes liegen, leben viele der bekanntesten afrikanischen Tierarten. Herden von Afrikanischen Elefanten, den größten Landtieren der Welt, ziehen über die Ebene. Der getüpfelte Gepard, das schnellste Landtier, durchstreift die Savanne auf Suche nach Beute. Er konkurriert mit einer noch berühmteren Katze, dem afrikanischen Löwen, dem Symbol von Stolz und Macht, der ebenfalls in den Savannen Afrikas jagt.

Tarpun

Mendesantilope

Fennek

Schuppentier

Roter Stummelaffe

Trotz ihres furchterregenden Aussehens sind Gorillas friedfertige Tiere, die nur Pflanzen fressen. Wie viele afrikanische Tiere, sind auch Gorillas vom Aussterben bedroht, da sie gejagt werden und ihren Lebensraum im Regenwald verlieren.

AFRIKA 47

AFRIKA
Wirtschaft und Kultur

Einige Afrikaner schnitzen Zeremonienmasken von Hand, wie sie es seit Jahrhunderten getan haben. Diese Maske ist zu groß, um sie zu tragen, und dient wahrscheinlich zur Dekoration.

Agrarland

Erdnüsse

Schokolade

Die meisten Afrikaner sind Bauern oder Hirten. Viele von ihnen leben genauso wie ihre Vorfahren vor Tausenden von Jahren. Sie ziehen durch das Land auf der Suche nach Nahrung oder leben in kleinen Dörfern, wo sie Feldfrüchte anbauen und Haustiere züchten.

Im heißen, trockenen Norden Afrikas gibt es kaum Landwirtschaft. Nur an den Küsten von Marokko, Algerien und Tunesien pflanzen Bauern ein paar Feldfrüchte an – zum Beispiel Zitrusfrüchte, Weintrauben, Mandeln, Getreide und Oliven.

Die Erdölförderung spielt für verschiedene afrikanische Staaten eine bedeutende Rolle. Algerien und Libyen sowie Nigeria und Gabun exportieren Öl und Erdgas.

Westafrika ist ein wichtiges Agrarland. Hier werden Kakaobohnen angebaut, der Grundstoff zur Schokoladenherstellung. Die Wälder Zentralafrikas liefern Kautschuk und Bananen. In Ostafrika bilden Viehherden seit langer Zeit die Lebensgrundlage der Menschen.

Weiter südlich, im Staat Südafrika, wird das fruchtbare Land von den Nachfahren der Europäer bebaut, die das Land in den letzten 300 Jahren besiedelten. Südafrika ist reich an Bodenschätzen wie zum Beispiel Platin, Antimon, Chrom und Mangan. Die meisten Diamanten der Welt, Schmuck- und Industriediamanten, sowie ein Großteil des Goldes der Welt stammen aus südafrikanischen Minen. Dieser immense Reichtum an Bodenschätzen ließ Südafrika zum industrialisiertesten Staat des Kontinents werden.

Ein berühmtes afrikanisches Märchen erzählt von Ananse, dem Spinnenmann. Ananse versuchte, alle Weisheit der Welt für sich zu behalten, indem er sie in einen großen Topf steckte. Doch der Topf fiel herunter, als Ananse ihn in einem Baum verstecken wollte, und alle Weisheit flog davon.

AFRIKA

Agrarland

- Maurische Architektur
- Mais
- Fischfang
- Weizenfelder
- Weinberge
- Oliven
- Tabak
- Kairo
- Nomaden mit Ziegen
- Ölfelder
- Sphinx
- Datteln
- Karawanenhandel
- Cheops-Pyramide in Gizeh
- Baumwollanbau
- Baumwollstoffe
- Sanddünen
- Afrikanisches Dorf
- Lederwaren
- Palmöl
- Bergbau
- Rinderzucht
- Mehlbananen
- Tourismus
- Schafzucht
- Kakaobohnen (Schokolade)
- Rinderzucht
- Regenwälder
- Kokosöl
- Ölfelder
- Pygmäen
- Kilimandscharo
- Erzbergbau
- Massai
- Agrarland
- Mais
- Kohlenbergbau
- Tee
- Victoriafälle
- Diamantminen
- Zitrusfrüchte
- Schafzucht
- Yamswurzel
- Vanilleanbau
- Goldminen

AFRIKA
Staaten und Städte

Im 15. Jahrhundert begannen die Europäer, nach Afrika zu segeln und die Völker zu unterwerfen, die dort lebten. Um 1900 stand fast ganz Afrika unter europäischer Herrschaft. Die Grenzen vieler afrikanischer Staaten wurden von Europäern festgelegt, die sich dort niedergelassen hatten. Die fremden Herrscher haben sich inzwischen zurückgezogen. Ihre ehemaligen Herrschaftsgebiete wurden unabhängige Staaten.

In Nordafrika blickt die Zivilisation auf eine lange Geschichte zurück. Im Tal des Nils in Ägypten stand die Wiege einer der äl-

Politische Grenzen bedeuten den unabhängigen Nomaden wie den Massai nur wenig. Auf der Suche nach Wasser und Weideland für ihre Viehherden überschreiten sie oft die Grenze zwischen Kenia und Tansania.

AFRIKA 51

Die Bevölkerung Tunesiens lebt vorzugsweise entlang der Küste, doch Dörfer wie dieses finden sich häufig in den mitteltrockenen Bergregionen des Landes. Die meisten Menschen in diesen zentral und südlich gelegenen Gebiete bewohnen Häuser aus Stein und Lehm.

In vielen afrikanischen Staaten ist die Hauptstadt die einzige Großstadt. Das Foto zeigt Harare, die Hauptstadt und größte Stadt Simbabwes im Süden Afrikas.

testen Hochkulturen der Menschheit, die sich vor mehr als 5000 Jahren entwickelte. Einige äyptische Städte, darunter Alexandria und Kairo, sind mehrere tausend Jahre alt. Kairo ist die größte Stadt Afrikas.

Westafrika wird von heißen, feuchten Niederungen bestimmt. In vergangenen Jahrhunderten wurden diese Küsten von Sklavenhändlern besucht, die die Menschen gefangennahmen, in Schiffen abtransportierten und weltweit als Sklaven verkauften. Heute lebt mehr als ein Viertel aller Afrikaner in diesen westlichen Staaten, und Nigeria hat mit mehr als 110 Millionen Menschen die höchste Einwohnerzahl Afrikas.

Der Äquator verläuft quer über den Kontinent durch das zentrale Afrika. Die Demokratische Republik Kongo, die von feuchtem Regenwald bedeckt ist, ist mit rund 50 Millionen Einwohnern der größte Staat dieser Region.

Gebirge und der Ostafrikanische Graben trennen Ostafrika vom Rest des Kontinents. Hier liegen die großen Savannen, in denen Nomadenvölker Viehherden hüten und viele Wildtiere umherstreifen. Kenia und Tansania haben riesige Wildreservate zum Schutz der Tiere vor Jägern.

Weniger als 20 Prozent der Bevölkerung Südafrikas sind europäischer Abstammung, doch diese kleine Gruppe kontrolliert immer noch den immensen Reichtum des Landes. Die Menschen Südafrikas lebten lange unter dem System der Apartheid, das die verschiedenen Bevölkerungsgruppen, Schwarze, Weiße und Farbige, trennte. Ende der achtziger Jahre zeichneten sich politische Reformen ab, und 1994 wurde erstmals ein Schwarzer, Nelson Mandela, zum Präsidenten gewählt.

AFRIKA

Kartenausschnitt: Nordwestafrika

Länder und Gebiete:
- SPANIEN
- MAROKKO
- SAHARA (von Marokko besetzt)
- ALGERIEN
- MAURETANIEN
- MALI
- NIGER
- SENEGAL
- GAMBIA
- GUINEA-BISSAU
- GUINEA
- SIERRA LEONE
- LIBERIA
- ELFENBEINKÜSTE
- BURKINA FASO
- GHANA
- TOGO
- NIGERIA
- KAPVERDEN
- AZOREN (Port.)
- KANARISCHE INSELN (Sp.)
- MADEIRA (Port.)
- SÃO TOMÉ AND PRINCIPE
- ÄQUATORIAL-GUINEA
- RIO MUNI

Wichtige Städte:
Algier (El Djazaïr), Rabat, Casablanca, Fès, Meknès, Marrakech, Tanger (Tangier), Tetouan, Oran, Tunis, Nouakchott, Dakar, Banjul (Bathurst), Bissau, Conakry, Freetown, Monrovia, Abidjan, Yamoussoukro, Accra, Lomé, Porto-Novo, Lagos, Niamey, Ouagadougou, Bamako, Tombouctou (Timbuktu), Libreville, Malabo, São Tomé, Praia

Geographische Bezeichnungen:
- ATLANTISCHER OZEAN
- Straße von Gibraltar
- ATLAS
- ANTIATLAS
- WESTL. GROSSER ERG
- ÖSTL. GROSSER ERG
- ERG IGUIDI
- ERG CHECH
- EL HANK
- TANEZROUFT
- PLATEAU VON TADEMAIT
- HAMADA VON TINGHERT
- OASEN VON TIDIKELT
- TASSILI DER AJJER
- AHAGGAR
- TUAREG
- ADRAR IFORAS
- AÏR
- FOUTA DJALON
- GOLF VON GUINEA
- Bucht von Benin
- Buchi von Bonny
- Nördlicher Wendekreis
- westl. Länge von Greenwich
- östl. Länge von Greenwich

Legende:
- Orte / Einwohner
- 0 bis 25 000
- 25 000 bis 100 000
- 100 000 bis 250 000
- 250 000 bis 1 000 000
- über 1 000 000
- geschlossene Besiedlung
- Maßstab 1:16 850 000
- Zylinderprojektion

Selber Maßstab wie Hauptkarte

COPYRIGHT BY RAND McNALLY & COMPANY MADE IN U.S.A.

AFRIKA 53

90 000 km² FLÄCHE
0 100 200 300
km

Mittelmeer-Region:
SIZILIEN, ITALIEN, GRIECHENLAND, MALTA, Iráklion, Chaniá, KRETA (KRITI), RHODOS (GR), TÜRKEI, Antalya, Antakya, Adana, Iskenderun, Haleb (Aleppo), Latakia, Hamaa, Deir es Sor, Nicosia, ZYPERN, SYRIEN, Homs, Palmyra, LIBANON, Beirut, Damaskus (Dimashq), Haifa, Tel Aviv-Jaffa, ISRAEL, Jerusalem, Amman, IRAK, JORDANIEN, SYRISCHE WÜSTE (BĀDIYAT ASH SHĀM)

Libyen / Ägypten:
Tripolis (Tarabulus), El Khoms, Zlitan, Misurata, (TRIPOLITANIEN), Banī Walīd, Al Qaryāh Sharqīyah, An Nawfalīyah, Surt, Gr. Syrte, Al 'Uqaylah, Marsa al Burayqah, BEL AS SAWDĀ, Marādah, Sawknah, Zillah, Zaltan, Awjilah, LIBYEN, TARBŪ, Waw al-Kabīr, TIBESTI-SERIR, ZUQ, El Merj, El Beida, Derna, Tūkrah, Bengasi, DJ. EL AKHDAR, BARQAH (CYRENAIKA), Ajdābiyah, Tobruk, Sīdī Barrānī, El Salum, Marsa Matruh, ALEXANDRIA (Al Iskandarīyah), Damanhūr, El Alamein, Tanta, Dumyāṭ, El Mansura, Port Said, Gaza, SINAI, KAIRO (El Qahira), Az Zaqāziq, Suez (As Suways), Akaba, Al Jaghbūb, KATTARASENKE -133, El Faiyum, Beni Suef, Dj. Katherina 2642, WÜSTE NEFUD, Al Djauf, Taymā', Hail, Qaṣr al Farafra, ÄGYPTEN, Al Bawīṭī, El Minya, Asyūṭ, Akhmīm, Sawhāj, Rena, Thében (Ruins), Al Uqsur (Luxor), Port Safaga, Al-Wâjh, El Quseir, SAUDI-ARABIEN, Buraida, NEJD, LIBYSCHE WÜSTE (AS SAHRĀ' AL LĪBĪYAH), ARABISCHE WÜSTE, HEDJAS, Idfū, Assuan, Yanbū, Al Madinah (Medina), RAS BANAS, Sadd el Ali-Damm, Nassersee, Bi'r Misāhah, Ash Shabb, Halā'ib, Djidda, Mekka (Makkah)

Tschad / Sudan / Eritrea / Äthiopien:
Pic Toussīde 3246, TIBESTI, Emi Koussi 3895, Ounianga Kébir, BORKOU, Yarda, Faya-Largeau, BODÉLÉ, Fada, ENNEDI, TSCHAD, Mao, Abéché, OUADDAÏ, Yao, Ndjamena (Fort-Lamy), NUBISCHE WÜSTE, Arbi, Kosha, Dalqū, Djebel Erba 2217, Abu Hamed, Port Sudan, Dongola, Al Khandaq, Karima, Merowe, Suakin, Al Qunfudhah, Abhā, Ad Dabbah, Kūrtī, Atbara, Ed Damer, Tokar, Taqāṭu' Hayyā, Al Aṭrūn, Adarama, Shendi, ASIR, Djisan, FARASAN-INSELN, Hodeida, Om Hajer, DAHLAK-ARCHIPEL, KAMARAN, Massaua, Asmara, Mersa Fatma, Ed, JEMEN, Omdurman (Umm Durmān), Khartum-Bahri, Khartum (Al Khartūm), Al Kāmilīn, Kassalā, Sebderat, Agordat, Keren, Adi Ugri, ERITREA, Al Mukhā, SUDAN, KORDOFAN, Rufā'ah, Wad Medani, Gedaref, Qallābāt, Adwa, Makale, Ras Dashan 4620, DANAKIL, Assab, Zeila, Taggura, El Fasher, El Obeid, Ed Dueim, Sannār, Siniah, Gondar, Debre Tabor, Dangila, Dese, Aysha, DJIBOUTI, Djibouti, Nyala, An Nahud, Al Uḍayyah, Babanūsah, JIBĀL, AN NUBAH, Kosti, Ar Rank, Er Roseires, Kurmuk, Amba Farit, Debra Markos, Sekota, Were Ilu, ÄTHIOPIEN, Sarh, Am Timan, Kafia Kingi, Talawdī, Malūt, Asosa, Tulu Welel 5301, Dembi Dolo, Gore, Harer, HARAR

Zentralafrika / Dem. Rep. Kongo / Uganda / Kenia / Somalia:
Bousso, Laï, Ouanda Djallé, Ndélé, MONGOSBERGE, Yalinga, Bahr el Arab, Mashra' ar Raqq, Lol, SUDD, BAHR EL GHAZAL, Rumbek, Shambe, Bor, Nāsir, Jimma, Shewa Gimira, Sodo, Wendo, SIDAMO, Mongalla, Gambéla, Bako, Ginir, Goba, Chamo, Maji, Kaoundé, Bouar, Fort Crampel, Sibut, Bambari, Rafaï, Zémio, Gwane, Tambura, Jūbā, Kapoeta, Mega, Moyale, Dolo, Carnot, Bangui, Zongo, Libenge, Mongoumba, Mobaye, Bangassou, Mobayi-Mbongo, Bondo, Bambesa, Dungu, Niangara, Arua, Nimule, Kitgum, Rudolfsee (Turkanasee) +375, El Wak, Mbaïki, Dongou, Makanza, Gemena, Businga, Aketi, Buta, Watsa, Isiro, Gombari, Mahagi Port, Masindi, Sofoti, Ewaso, Meru, SOMALIA, Impfondo, Bomongo, Basoko, Bumba, Lisala, Panga, Avakubi, Irumu, Ft. Portal, Ruwenzori Peak 5109, Elgon 4321, Eldoret, KENIA, KONGO, Mbandaka, Kisangani (Stanleyville), Boyomafälle (Stanleyfälle), Äquator, UGANDA, Kampala, Jinja, Entebbe, Viktoriasee, Lak Dera

50 100 200 300 400 500 Meilen
100 200 400 600 800 Kilometer

AFRIKA

Map of central and southern Africa showing countries including Gabun, Kongo, Dem. Rep. Kongo, Angola, Namibia, Botswana, Sambia, Simbabwe, Südafrika, and others, with an inset map of Kapstadt (Cape Town).

Maßstab 1:16 850 000
Zylinderprojektion

Inset: KAPSTADT — KAP DER GUTEN HOFFNUNG — Maßstab 1:1 050 000

Die Homelands Bophuthatswana, Ciskei, Transkei und Venda bestehen heute nicht mehr.

Orte Einwohner

0 bis 25 000 ∘	100 000 bis 250 000 ⊙	über 1 000 000 ⊙
25 000 bis 100 000 •	250 000 bis 1 000 000 ◎	geschlossene Besiedlung

Ozeanien
Landschaft

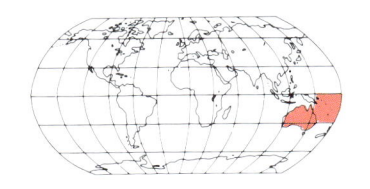

**Ozeanien
Australien**
Kleinster Kontinent
•
Einwohner: 18.500.000
•
Höchster Berg: Mount Kosciusko, 2.229,92 Meter

Neuseeland
Zwei Hauptinseln, Nordinsel und Südinsel
•
Einwohner: 3.680.000

Ozeanien
(ohne Australien und Neuseeland)
•
ca. 20.000 Inseln, verstreut im Pazifischen Ozean
•
Einwohner: 6.300.000

Tief im Herzen Australiens liegt auf dem Westplateau das Olga-Gebirge. Als stark abgetragene Sammlung von Sandsteinblöcken ragen die „Olgas" und der nahegelegene Ayers Rock über der Wüstenlandschaft auf.

Auf jeder Weltkarte kannst du erkennen, wie groß der Pazifische Ozean ist. Er bedeckt mehr als ein Drittel der Erdoberfläche. Eine Unmenge von Inseln verschiedener Größe liegen im Ozean. Australien, Neuseeland und andere Inseln dieser Region, die man Ozeanien nennt, verteilen sich über den Pazifik wie Trittsteine über einen Teich. Geographen teilen die Inseln in drei Regionen ein. Polynesien umfaßt zum Beispiel Hawaii, Samoa, Tahiti und die Osterinsel. Zu Mikronesien gehören unter anderem die Marschall-Inseln, die Karolinen und die Gilbert-Inseln. Melanesien besteht vor allem aus den Fidschi-Inseln und Neuguinea.

Australien ist der kleinste Kontinent der Erde. Die „Great Dividing Range" erstreckt sich entlang der Ostküste. Im Süden taucht die Gebirgskette ins Meer ab, um sich als Insel Tasmanien erneut zu erheben. Die „Great Dividing Range" wird seit hundert Millionen Jahren durch Wind und Wasser bearbeitet, und ihre buckligen Berge sehen wirklich uralt aus.

Westlich der Great Dividing Range liegt das riesige Wüstengebiet des Kontinents, denn die Berge halten Wolken und Regen ab. Die Australier nennen es das Hinterland oder „Outback". Teile des Outback sind von trockenem Buschland bedeckt, hier wachsen einzelne Bäume und Pflanzen. Der Rest besteht aus drei Wüsten: der Großen Sandwüste, der Gibson-Wüste und der Großen Victoria-Wüste.

Die Kap-York-Halbinsel unterscheidet sich stark von allen anderen Teilen Australiens. Hitze und reiche Niederschläge bilden ideale Voraussetzungen für den tropischen Regenwald.

OZEANIEN 57

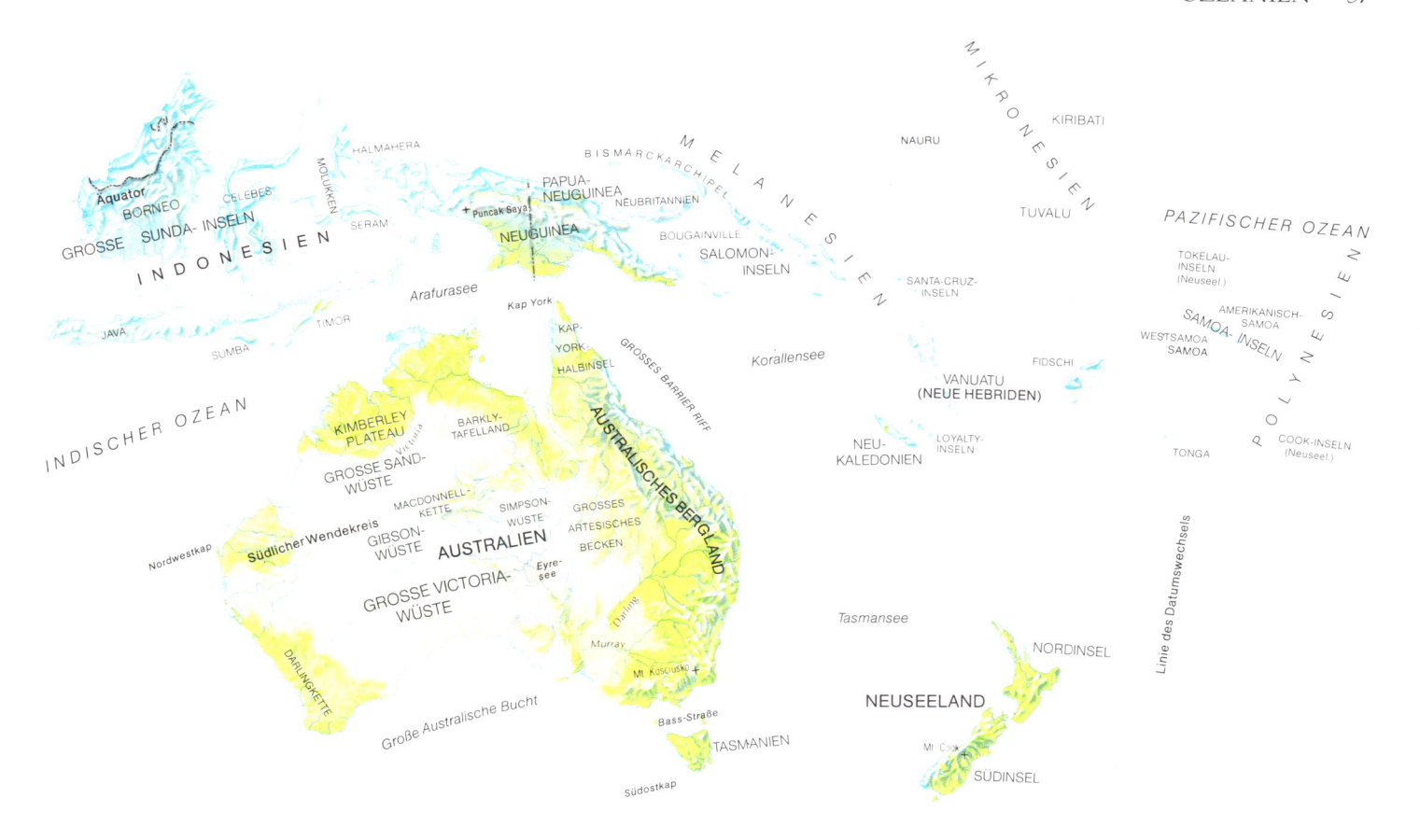

Eine der berühmtesten Landschaften Australiens liegt nicht auf dem Festland, sondern im Ozean vor der Nordostküste. Es handelt sich um das Große Barrier-Riff, das aus farbenfrohen Korallenformationen besteht und vielen Meerestieren einen Lebensraum bietet. Es ist das größte Korallenriff der Welt.

Neuseeland besteht aus zwei Hauptinseln, der Nordinsel und der Südinsel. An der Südwestküste der Südinsel schneiden lange, wunderschöne Fjorde ins Land, ähnlich wie in Norwegen. Auf der Nordinsel liegen rund um den Taupo-See zahlreiche Vulkane.

Die Ile des Pins ist eine der vielen Inseln, aus denen Neukaledonien besteht. Die Kultur und das angenehme Klima dieses französischen Territoriums zieht viele Touristen an.

OZEANIEN
Tierwelt

Viele der australischen Tierarten unterscheiden sich stark von denen anderer Kontinente. 50 Millionen Jahre war Australien von der restlichen Welt isoliert, und die Tierwelt nahm eine ganz eigene Entwicklung. Die meisten australischen Säugetiere sind *Beuteltiere.* Zu ihnen gehört z. B. das Känguruh. Bei den Beuteltieren werden die Jungen in einer beutelartigen Hautfalte am Körper des Muttertieres getragen, bis sie alt genug sind, um für sich selbst zu sorgen.

In den großen Ebenen Australiens findet man verschiedene Arten von Beuteltieren. Känguruhs leben in kleinen Herden und ernähren sich hauptsächlich von Gras. Einige Arten werden mehr als zwei Meter groß, doch es gibt auch kleine Känguruhs, die sogenannten Wallabies. Wombats sehen aus wie schwanzlose Biber. Den Tag verschlafen sie in selbstgegrabenen Höhlen, während sie nachts auf Nahrungssuche gehen. Die rattenähnlichen, langschnäuzigen Nasenbeutler pflegen eine ähnliche Lebensweise.

Auch Dingos streifen durch die trockenen Ebenen Australiens. Als die ersten europäischen Siedler eintrafen, war der Dingo das einzige große, fleischfressende Säugetier des Kontinents, das kein Beuteltier ist. Als verwilderter Haushund hat der Dingo lange Beine, einen wolfsähnlichen Kopf und ein gelbrotes Fell.

Im Osten Australiens lebt der Koala. Koalas sehen zwar wie kleine Bären aus, sind aber Beuteltiere und tragen ihre Jungen in kleinen Hauttaschen.

In Neuseeland gibt es nur wenige Tierarten, die nicht vom Menschen dort eingeführt wurden. Auf einigen Inseln vor Neuseeland sind die Brükenechsen, kleine Kriechtiere, zu Hause. Sie sind die letzten Überlebenden einer Gruppe von Reptilien, die vor 225 Millionen Jahren lebten – lange vor den Dinosauriern.

Eine große Anzahl von Meerestieren treibt anmutig über den Korallenriffen und in den Tiefen der tropischen Ozeane, die die Inseln Ozeaniens umgeben. Die meisten sind prachtvoll gefärbt und sehr schön.

OZEANIEN 59

Schwarzer Marlin
Leopard-Drückerfisch
Pinzettfisch
Gelbhaubenkakadu
Kasuar
Dingo
Todesotter
Baumkänguruh
Emu
Kragenechse
Ameisenigel
Ringelschwanz-Felsenkänguruh
Kaninchen
Wombat
Graues Riesenkänguruh
Lachender Hans
Rotes Riesenkänguruh
Koala
Schnabeltier
Wanderalbatros
Weißer Hai
Dünnschnabelsturmvogel
Schwarzschwan

Taubensturmvogel
Kiwi
Brückenechse
Kea

Der Koala sieht wie ein weicher, knuddeliger Teddybär aus. Ausgewachsen wiegt der recht kleine Koala um acht Kilogramm. Sechs Monate wird das Junge von der Mutter im Beutel umhergetragen. Später reitet es auf ihrem Rücken. Blätter und Knospen der Eukalyptusbäume sind die einzige Nahrung des Koalas.

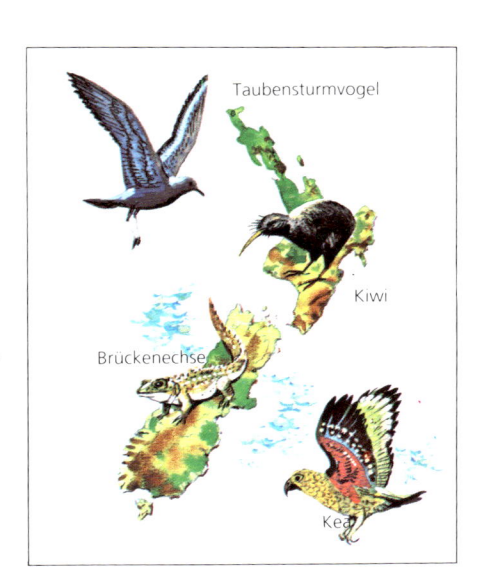

OZEANIEN
Wirtschaft und Kultur

Seit dem Zeitalter der Entdeckungen kamen Europäer per Schiff nach Australien, Neuseeland und anderen Inseln Ozeaniens. Sie besiedelten das Land, und viele Nachfahren dieser Europäer leben heute noch dort.

Australien ist zwar der kleinste Kontinent, aber einer der flächenmäßig größten Staaten. Seine Bevölkerung lebt meist in der fruchtbaren Region entlang der Küste im Osten und Südosten. Wenige Menschen siedeln am Rand des Hinterlandes. Es sind vor allem Farmer, die Rinder und Schafe züchten. Zu den Hauptexportartikeln von Australien gehören Getreide und Wolle. Heute ist Australien ein hochindustrialisierter Staat.

Neuseeland ist nicht so stark industrialisiert wie Australien, doch die Produktionsbereiche nehmen zu. Dank des milden Klimas und hervorragenden Weidelandes ist die Schaf- und Rinderzucht sehr wichtig für Neuseeland.

OZEANIEN
Staaten und Städte

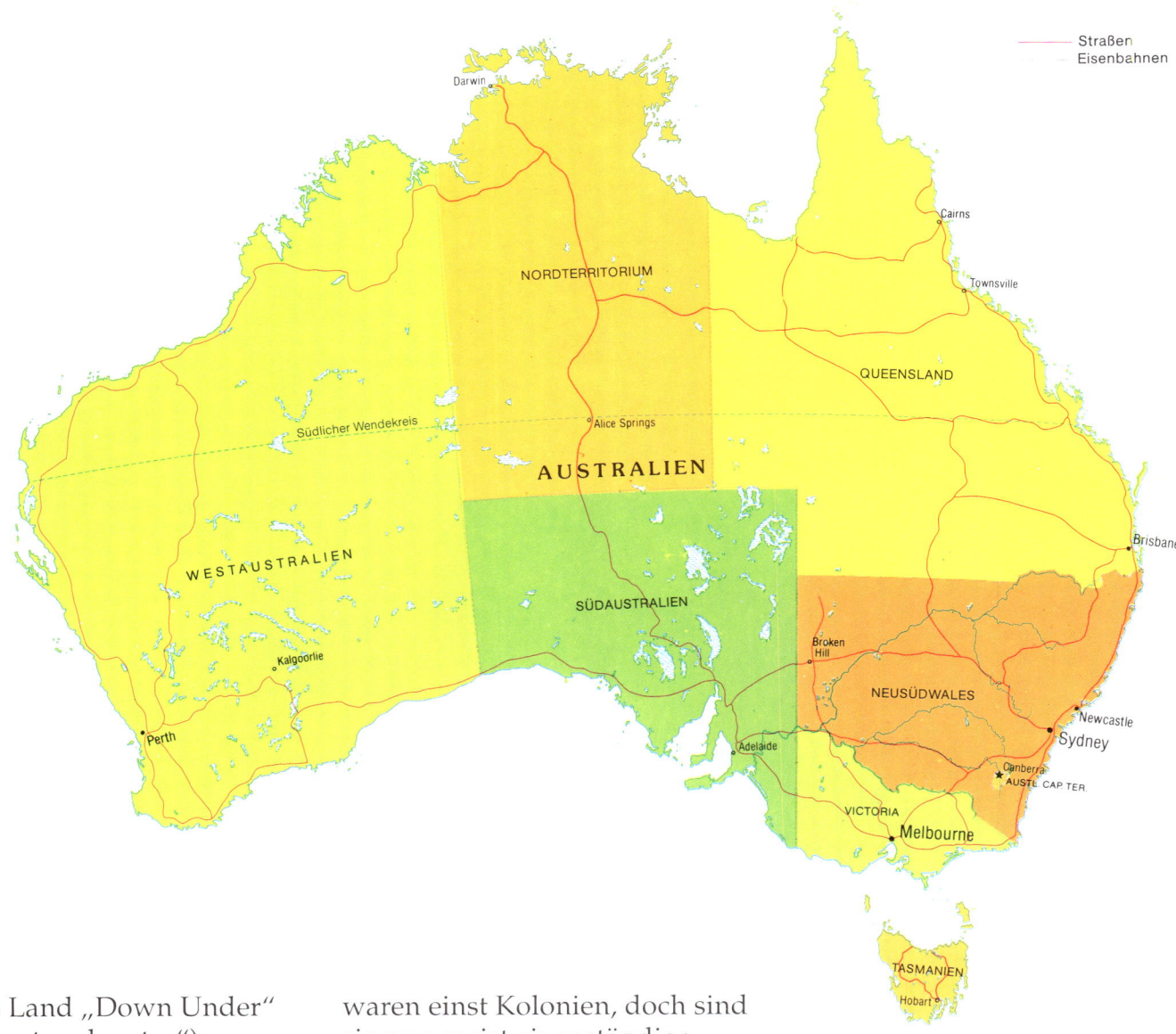

Das Land „Down Under" („unten drunter") – so nennen die Briten Australien und Neuseeland. Der Spitzname entstand aus der Vorstellung, daß diese Staaten sich genau auf der anderen Seite der Erdkugel, unter den Füßen der Europäer, befinden.

Australien ist in einzelne Bundesstaaten unterteilt, und das Volk wählt die Regierung. Neuseeland, einst ebenfalls eine britische Kolonie, verfährt ebenso.

Auch die Inseln Ozeaniens waren einst Kolonien, doch sind sie nun meist eigenständige Staaten. Westsamoa, Nauru, Fidschi und die Osthälfte von Neuguinea sind inzwischen unabhängig.

Die Nachfahren der Europäer, die in Australien und Neuseeland leben, sprechen Englisch. Die Bevölkerungsgruppen, die in diesen Staaten und den umliegenden Inseln von der Urbevölkerung abstammen, sprechen meist Englisch ebensogut wie die Sprache ihrer Vorfahren.

62 OZEANIEN

Map labels

Indonesia / Sunda Islands (A–B):
Pasuruan, Singaraja, Rinjani 3726, Raba, Sumbawa, Waingapu, Lomblen, Pantar, Alor, Dili, Kupang, Timor, Sawu, Roti, Sumba, Flores, Lombok, Mahameru 3676, Besar, Selaru, Tanjung Vals
INDONESIEN
SUNDA-INSELN
SUNDAGRABEN
SAWUSEE
TIMORSEE
ARAFURASEE

Northern Australia (B–C):
C. VAN DIEMEN, CROKER, WESSEL-INSELN, RATHURST, MELVILLE, COBURG-HALBINSEL, Van Diemen Golf, Clarence Str., KAP ARNHEM, Darwin, ARNHEM LAND, Pine Creek, Katherine, Blue Mud Bai, GROOTE EYLANDT, Birdum, Borroloola, SIR EDWARD PELLOW-GRUPPE, Victoria River Downs, Daly Waters, Newcastle Waters, Burketown, CARPENTARIA, Limmenbucht

Western Australia (B–F):
KAP LONDONDERRY, Joseph-Bonaparte-Golf, Wyndham, BUCCANEER ARCH., KAP LEVEQUE, Mt. Hann 776, KING-LEOPOLD-KETTE, DAMPIER LAND, Derby, GEIKIE-KETTE, Broome, Fitzroy Crossing, Halls Creek, Roebuckbai, La Grange, LARREY POINT, RIPON, DAMPIER-ARCHIPEL, Port Hedland, Roebourne, De Grey, MONTE-BELLO-INSELN, BARROW, Marble Bar, Nullagine, GROSSE SANDWÜSTE, Mackaysee, Millstream, HAMERSLEYKETTE, Onslow, Mt. Bruce 1229, Jiggalong, NORDWESTKAP, Ashburton, Disappointmentsee, Macdonaldsee, POINT CLOATES, WEST-, Südlicher Wendekreis, KAP FARQUHAR, GIBSONWÜSTE, Carnarvon, Gascoyne, Peak Hill, Nabberusee, Carnegiesee, Gillensee, Wellsee, BERNIER, DORRE, AUSTRALIEN, DIRK HARTOG, SHARK BAY, Meekatharra, Wiluna, STEEP POINT, Nannine, Cue, Sandstone, Yeo, Laverton, GROSSE VICTORIAWÜSTE, Mount Magnet, Careysee, Ajana, Northampton, HOUTMAN ROCKS, Mingenew, Menzies, Ballardsee, GERALDTON, Dongara, Pithara, Kalgoorlie, Rawlinna, NULLARBOREBENE, Miling, Lake Brown, Coolgardie, Boulder, Moora, Southern Cross, Guddards Soak, Hughes, DARLING, Cowansee, Norseman, Dundassee, Eucla, Eyre, Perth, Northam, York, Salmon Gums, GROSSE AUSTRALISCHE BUCHT, Fremantle, SWANLAND, Collie, Narrogin, Ravensthorpe, Hopetoun, RECHERCHE-ARCHIPEL, POINT FOWLER, Bunbury, Katanning, Esperance, KAP NATURALISTE, Busselton, KAP LEEUWIN, Nornalup, Albany, PT. D'ENTRECASTEAUX, WESTKAP HOWE, King George Sd.

Northern Territory:
NORD-TERRITORIUM, Tanami, Tennant Creek, BARKLY-TABELLAND, Alexandria, Camooweal, Mount, Barrow Creek, Mt. Ziel 1510, Arltunga, MACDONNELLKETTE, Alice Springs, JAMESKETTE, SIMPSON-WÜSTE, Charlotte Waters, Birdsville, MUSGRAVEKETTE, Mt. Woodroffe 1515

South Australia:
EVERARDKETTE, Oodnadatta, Alberga, SÜDAUSTRALIEN, Cooper, William Creek, Eyresee, Marree, STUARTKETTE, Farina, Para, Ooldea Station, Pimba, Woomera, Penong, Ceduna, Everardsee, Whyalla, FLINDERSKETTE, Port Augusta, EYRE HALBINSEL, Moonta, Port Pirie, Port Lincoln, KÄNGURUH-INSEL

Oceans:
INDISCHER OZEAN, INDISCHER OZEAN

Legend

90 000 km² FLÄCHE

0 100 200 300 km

Orte Einwohner
- 0 bis 50 000
- 50 000 bis 500 000 ⊙
- 500 000 bis 1 000 000 ⊚
- 1 000 000 und mehr

östl. Länge von Greenwich

Maßstab 1:16 850 000
Lamberts Flächentreue Azimutalprojektion

OZEANIEN

Hauptkarte (Oceania/Australia East Coast)

PAPUA-NEUGUINEA
- Mt. Albert Edward 3993
- Mt. Victoria 4073
- Port Moresby, Buna, Samarai
- OWEN-STANLEY-KETTE
- TROBRIAND-INSELN, WOODLARK, D'ENTRECASTEAUX-INSELN
- SÜDKAP, LOUISIADE-ARCHIPEL, TAGULA, RUSSELINSELN

SALOMON-INSELN
- CHOISEUL, VELLA LAVELLA, NEW GEORGIA, RENDOVA, SANTA ISABEL
- FLORIDA, RUSSELL IS., TULAGI, Honiara, MALAITA, GUADALCANAL, SAN CRISTÓBAL, RENNELL
- SANTA CRUZ ISLANDS

VANUATU
- TORRES-INSELN, BANKS-INSELN
- ESPÍRITU SANTO, MAEWO, PENTECOST, MALEKULA, AMBRIM, EPI
- NEW HEBRIDES
- EFATE, Port Vila, EROMANGA, TANA, ANEITYUM

NEU-KALEDONIEN (franz.)
- CHESTERFIELD-INSELN (franz.)
- ÎLES BÉLEP, OUVÉA, LIFOU, MARÉ
- LOYALTY-INSELN (French)
- Nouméa, ÎLE DES PINS

KORALLENSEE
- OSPREY-RIFF, HOLMESRIFF, WILLIS-INSELN, FLINDERSRIFFE, LIHOURIFFE, TEGROSSE-INSELN, MARION-RIFF, WRECKRIFFE

PAZIFISCHER OZEAN

QUEENSLAND
- KAP YORK HALBINSEL, KAP MELVILLE, Laura, Cooktown, Palmerville
- ATHERTON PLATEAU, Mungana, Cairns, Mt. Bartle Frere 1611
- HINCHINBROOK-I., Ingham, Forsayth, Croydon
- GROSSES BARRIERE-RIFF
- Townsville, Charters Towers, Hughenden, Bowen
- WHITSUNDAY, CUMBERLAND-INSEL, Mackay
- GROSSES SCHEIDEGEBIRGE / AUSTRALISCHE KETTE
- Mt. Dalrymple 1277, NORTHUMBERLAND-INSELN, SWAINRIFFE
- Clermont, Emerald, Dingo, Mount Morgan, Rockhampton, CURTIS
- Capricorn-Kanal, Gladstone
- Kynuna, Winton, Jericho, Barcaldine
- GREGORYKETTE, BUCKLAND-TAFELLAND
- Longreach, Yaraka, Blackall, Tambo
- Bundaberge, Hervey-bai, SANDY CAPE, FRASER, Maryborough
- Quilpie, Charleville, Roma, Dalby, Gympie
- Thargomindah, St. George, Toowoomba
- Hungerford, Cunnamulla, Dirranbandi
- DARLING DOWNS, Warwick 1370, Ipswich, Brisbane, N. STRADBROKE I., Southport

NEUSÜDWALES
- Mungindi, Moree, Tenterfield, Lismore
- Brewarrina, Walgett, Glen Innes 1454, Grafton
- NEUENGLAND-KETTE 1675
- Bourke, Narrabri, Tamworth, Armidale, The Round Mountain, Kempsey
- Wilcannia, Cobar, Nyngan, WARRUMBUNGLE-KETTE
- Broken Hill, Nymagee, Dubbo, LIVERPOOLKETTE, Port Macquarie
- Darling, Macquarie, Cessnock, Maitland, Newcastle
- Forbes, Bathurst, Lithgow, Orange, BLUE MTS., SYDNEY
- West Wyalong, Wollongong
- Narrandera, Jervisbai

RIVERINA / MURRAY
- Hay, Wagga Wagga, Goulburn, Canberra, AUSTL. CAP. TER.
- Deniliquin, Albury, Mt. Kosciusko 2230, AUSTRALISCHE ALPEN, Cooma

VICTORIA
- Kerang, Bendigo, Benalla, Bega, Bombala
- Maryborough, Ballarat, MELBOURNE, GREAT DIVIDING, Bairnsdale
- Geelong, Wonthaggi, KAP WILSON, KAP HOWE
- Port Phillip, OTWAY

TASMANIEN
- KING, FURNEAUX-GRUPPE, FLINDERS, KAP BARREN, UNTER-INSELN
- Burnie, Ulverstone, Devonport, Launceston
- Strahan, Mt. Ossa 1617, New Norfolk, Richmond, BRUNY, Hobart, SÜDKAP

TASMAN SEE
- LORD-HOWE-INSELN (austr.)

Südlicher Wendekreis

Nebenkarte: NEU-SEELAND

NORDINSEL
- NORDKAP, Kaitaia, Russell, GREAT BARRIER
- Devonport, Auckland, Hamilton, Plentybai, OSTKAP
- New Plymouth, KAP EGMONT, Mt. Egmont 2797, Gisborne
- Nordl. Taranakibucht, Südl. Taranakibucht, Ruapehu
- Wanganui, Napier, Hastings, Hawkebai
- Palmerston North, KAP FAREWELL, Tasman-buch, Lower Hutt, Wellington
- Cook Straße

SÜDINSEL
- Nelson, Karameabucht, Greymouth, Hokitika
- CAPE FOULWIND, NEUSEELÄNDISCHE ALPEN, Mt. Cook 3763
- CASCADE PT., Christchurch, Canterburybucht, Timaru, Pegasusbai
- RESOLUTION INSEL, Dunedin, KAP SAUNDERS
- STEWART-INSEL, Invercargill, Foveaux-Straße, SÜDWESTKAP

PAZIFISCHER OZEAN
TASMAN SEE

Selber Maßstab wie Hauptkarte

© RMCN

0 50 100 200 300 400 500 Meilen
0 100 200 400 800 Kilometer

Nordamerika
Landschaft

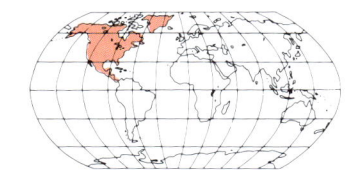

Nordamerika

Drittgrößter Kontinent

•

Vierthöchste Einwohnerzahl: 466.000.000

•

38 Weltstädte mit mehr als 1 Million Einwohnern

•

Höchster Berg: Mount McKinley, 6.193,53 Meter

•

Größte Insel der Welt: Grönland

•

Lage des magnetischen Nordpols

In Nordamerika gibt es mehrere Gebirgsregionen. Im Westen erstrecken sich zwei gewaltige Gebirgsketten von Alaska hoch im Norden bis nach Panama in den Süden Mittelamerikas. Die Rocky Mountains erheben sich aus den großen Ebenen, den „Great Plains". Die Rockys reichen bis nach Kanada, wo sie noch eindrucksvoller als in den USA sind.

Zwischen diesen großen westlichen Gebirgsketten liegt das Große Becken. Die Berge verhindern, daß die Feuchtigkeit des Pazifik das Große Becken erreichen. Der Südteil des Beckens ist deshalb Wüste, wie auch wü-

Korallenriffe und unterseeische Vulkane formten die Karibischen Inseln. Viele der Koralleninseln sind flach und niedrig, während diejenigen vulkanischen Ursprungs meist zerklüftet sind. Das Bild zeigt die Vulkaninsel Saba, die zu den „Inseln über dem Wind" gehört.

NORDAMERIKA 65

British Columbia ist die westlichste Provinz Kanadas. Seine stark gebirgige Landschaft hat es einst vom Rest des Landes isoliert. Heute befinden sich dort mehrere Nationalparks, darunter der hier gezeigte Yoho-Nationalpark.

Das Monument Valley liegt an der Grenze zwischen Utah und Arizona. Hier erheben sich aus Sandstein geformte Bögen, Kegel und Tafelberge aus der sandigen Ebene – einige mehr als dreihundert Meter hoch.

stenähnliche Regionen große Teile des amerikanischen Südwestens einnehmen und bis weit nach Mexiko reichen.

Die beiden großen Gebirgsketten verlaufen als Westliche Sierra Madre und Östliche Sierra Madre durch Mexiko. Auf dem Hochplateau, das sich zwischen den beiden Gebirgen erstreckt, leben die meisten Mexikaner. Zentralamerika, ganz im Süden des Kontinents Nordamerika, ist überwiegend gebirgig.

Die Berge im Osten Nordamerikas sind deutlich niedriger als die im Westen, denn sie sind viel älter und durch Wasser und Wind stark abgetragen. Die bedeutendste Gebirgskette im Osten der USA sind die Appalachen.

Die Großen Ebenen oder Great Plains liegen im Zentrum Nordamerikas. Dieses Flachland ist eins der größten der Welt, und so weit man sehen kann, ist das Land eben oder leicht wellig.

In Nordamerika gibt es viele bedeutende Flüsse und Seen. Der Mississippi und der Missouri bilden zusammen das größte Flußsystem des Kontinents. Der Obere See, einer der fünf Großen Seen, ist der größte Süßwassersee der Erde. Der Panamakanal ganz im Süden Nordamerikas ist eine von Menschen geschaffene Wasserstraße. Durch ihn können Schiffe vom Atlantik in den Pazifik gelangen, ohne ganz Südamerika umfahren zu müssen.

NORDAMERIKA
Tierwelt

Während die Zahl der Menschen in Nord- und Mittelamerika ständig zugenommen hat, nahm die Zahl der Wildtiere ständig ab. Einige Tierarten wurden vom Menschen bis zur Ausrottung gejagt.

Der Bison oder Indianerbüffel war durch Jäger schon fast ausgerottet, und der Gabelbock erlitt ein ähnliches Schicksal. Doch strenge Schutzbestimmungen bewahrten beide Arten vor dem Aussterben, und heute findet man sie wieder in Schutzgebieten auf den „Great Plains".

Wölfe und mächtige Grizzlybären durchstreifen den Norden. Den Weißkopf-Seeadler, das Wappentier der USA, findet man noch im Nordwesten. All diese Tierarten sind heute stark gefährdet.

Der Kojote, ein Symbol des amerikanischen Westens, jagt Präriehunde, Mäuse, Kaninchen und manchmal auch Haustiere. Waschbären findet man vom Süden Kanadas bis Südamerika mit Ausnahme von Wüstengebieten und Teilen der Rocky Mountains. Er geht nachts auf Futtersuche und ernährt sich auch von Abfällen.

In Nordamerika gibt es viele Arten der Klapperschlange, die nach der Rassel an ihrem Schwanz so genannt wird. Die größte ist die im Südosten verbreitete Diamantklapperschlange, die mehr als zwei Meter lang wird. Die Harlekin-Korallenotter, eine farbenprächtige Verwandte der Klapperschlange, lebt in Wüstengebieten, wie auch die giftige Gila-Krustenechse.

In den Sümpfen und Flüssen im Südosten Nordamerikas lebt der Alligator. Diese fleischfressenden Reptilien werden bis zu 2,70 Meter lang. Da sie wegen ihrer Haut gejagt wurden und vom Aussterben bedroht waren, sind sie nun geschützt.

Man sagt, daß die meisten der Tierarten, die jemals auf der Erde gelebt haben, heute ausgestorben sind. Prähistorische Tierarten kennen wir nur durch die Fossilien, die von ihnen geblieben sind. Auch heute noch werden viele Tierarten ausgerottet, meist durch den Menschen. Die Wandertaube wurde 1840 von John James Audubon gemalt.

Brontosaurus oder Apatosaurus
vor 135 Millionen Jahren

Tyrannosaurus
vor 70 Millionen Jahren

Mammut
vor 10.000 Jahren

Riesenalk
Mitte des 19. Jahrhunderts

Säbelzahntiger
vor 1 Million Jahren

Wandertaube
spätes 19. Jahrhundert

67

Grizzlybär · Walroß · Silbermöwe · Kanadagans · Rotfuchs · Grauwolf · Eisbär · Schneeziege · Weißkopf-Seeadler · Biber · Felsenschneehuhn · Puma oder Berglöwe · Elch · Baumstachler · Königslachs · Gabelbock · Wanderdrossel · Wapitihirsch · Waschbär · Grauhörnchen · Seeotter · Bison · Virginia- oder Weißwedelhirsch · Schlammtreter · Baumwollschwanz-Kaninchen · Helmwachtel · Diamantklapperschlange · Opossum · Truthahn · Kalifornischer Seelöwe · Halsbandpekari · Alligator · Gürteltier · Rosenlöffler · Brauner oder Meerespelikan · Grauwal · Totenkopfaffe

NORDAMERIKA
Wirtschaft und Kultur

Die USA und Kanada, zwei der drei großen Staaten Nordamerikas, gehören zu den reichsten Ländern der Welt. Viele Faktoren tragen zu diesem Reichtum bei, darunter die Landwirtschaft. Nordamerika verfügt über große Flächen fruchtbaren Bodens und ein günstiges Klima, um eine Vielfalt von Feldfrüchten anzubauen.

Auch reiche Bodenschätze tragen zum Wohlstand der USA und Kanadas bei. Zu den Bodenschätzen, die diese Länder exportieren, gehören Kupfer, Blei, Asbest, Zink, Silber, Nickel, Kohle, Erdöl und Erdgas.

Nordamerikas Reichtum an Wäldern und Bodenschätzen ließen die USA und Kanada zu führenden Industrienationen werden. Viele Städte in diesen Staaten waren über Jahrzehnte hinweg riesige Industriezentren, doch wandelt sich dies allmählich.

Die Landwirtschaft ist für Mexiko und die übrigen Staaten Nordamerikas sehr wichtig. In Mexiko wird Mais angebaut, in Zentralamerika und auf den Westindischen Inseln Kaffee, Zuckerrohr und Bananen. Doch ein Großteil des Bodens in diesen Staaten eignet sich kaum als Agrarland, und viele Bauern haben keine modernen Maschinen.

Wenn man von den USA und Kanada absieht, sind die übrigen Staaten Nordamerikas kaum industrialisiert, auch wenn die Eisen- und Stahlindustrie sowie die Chemische Industrie wächst. Mexiko ist auch ein führender Produzent von Silber und Erdöl. Touristen, die am sonnigen Klima und an den alten Ruinen des Landes interessiert sind, sind ebenfalls ein wichtiger Wirtschaftsfaktor.

Eishockey, von Amateuren und Berufsspielern gespielt, ist in Kanada und den USA wie auch in anderen Staaten ein sehr beliebter Sport. In Kanada ist es sogar der Nationalsport.

Einer Sage zufolge haben der Riese Paul Bunyan und sein gewaltiger blauer Ochse Babe die amerikanische Landschaft gestaltet. Sie sollen in nur drei Wochen den St.-Lorenz-Strom mit einer Schaufel ausgehoben haben, die so groß wie ein Haus war.

NORDAMERIKA

Das berühmte mexikanische Folkloreballett zeigt viele Tänze, die auf der mexikanischen Geschichte und Überlieferung beruhen. Die Tänzer links tragen Kostüme, die denen der Mayas nachgestaltet sind. Die Mayas waren vor 1000 Jahren Träger einer indianischen Hochkultur in Mexiko.

- Bergbau
- Alaska-Pipeline
- Ölfelder
- Lachsfischfang und Konservenindustrie
- Holzwirtschaft
- Totempfahl
- Pelzjagd
- Grönland
- Konservenindustrie
- Fischfang
- Skipiste
- Kanadische Weizenfelder
- Holzwirtschaft
- Mammutbaum oder Redwood
- Agrarland
- Weizen
- Kartoffeln
- Mount Rushmore
- Milchwirtschaft
- Freiheitsstatue
- Gemüseanbau
- Sojabohnen
- Agrarland
- Autoindustrie
- Hollywood
- Erdölförderung im Meer
- Zitrusfrüchte
- Zucht von Longhorns
- Mais
- Erdnüsse
- Tabak
- Washington, D. C.
- Agrarland
- Baumwolle
- Zitrusfrüchte
- Cape Canaveral
- Mais
- Olmeken-Skulpturen
- Ölfelder
- Zuckerrohr
- Ruinen alter Pyramiden
- Agrarland
- Rumherstellung aus Zuckerrohr
- Kaffee
- Bananen

NORDAMERIKA
Staaten und Städte

Mexiko-Stadt ist die Hauptstadt und am schnellsten wachsende Metropole dieses Staates. Es gehört zu den fünf bevölkerungsreichsten Städten der Welt. 1985 kam es in der Stadt zu einem starken Erdbeben, das sehr viel Schaden anrichtete und dem Tausende von Menschen zum Opfer fielen.

Der größte Teil des nordamerikanischen Kontinents verteilt sich auf drei Staaten: Kanada, die USA und Mexiko. Zentralamerika, das als ein Teil von Nordamerika betrachtet wird, besteht aus sieben Staaten, die zusammen noch nicht einmal ein Drittel der Fläche Mexikos einnehmen. Viele Karibische Inseln sind unabhängig, doch einige werden von größeren Staaten wie den USA regiert.

Nord- und Mittelamerika werden vor allem von den Nachfahren der Europäer bewohnt, die diesen Kontinent seit der Entdeckung durch Kolumbus 1492 besiedelten. In einigen Gebieten gibt es noch amerikanische Ureinwohner. Viele von ihnen leben heute noch auf ähnliche Weise wie ihre Vorfahren.

Wie die Bewohner der drei größten Staaten des Kontinents wählen die meisten Nordamerikaner ihre Regierung. In einigen Staaten wie Panama oder Honduras nimmt das Militär recht starken Einfluß auf die Politik. Kuba, ein Inselstaat in der Karibik, wird seit langer Zeit von Kommunisten regiert.

Die Hauptsprache jedes nord- und mittelamerikanischen Staates ist die des europäischen Staates, der einst die jeweilige Region beherrschte. So haben die Spanier einst Mexiko erobert, und obwohl Mexiko schon lange unabhängig ist, sprechen die Menschen dort noch immer spanisch.

Städte entstehen normalerweise in der Nähe günstiger Verkehrswege, die Städte Nord- und Mittelamerikas sind hier keine Ausnahme. Viele von ihnen wurden an Wasserwegen gegründet, von denen aus die Händler und ersten Siedler das Land erforschten. So entstand

NORDAMERIKA

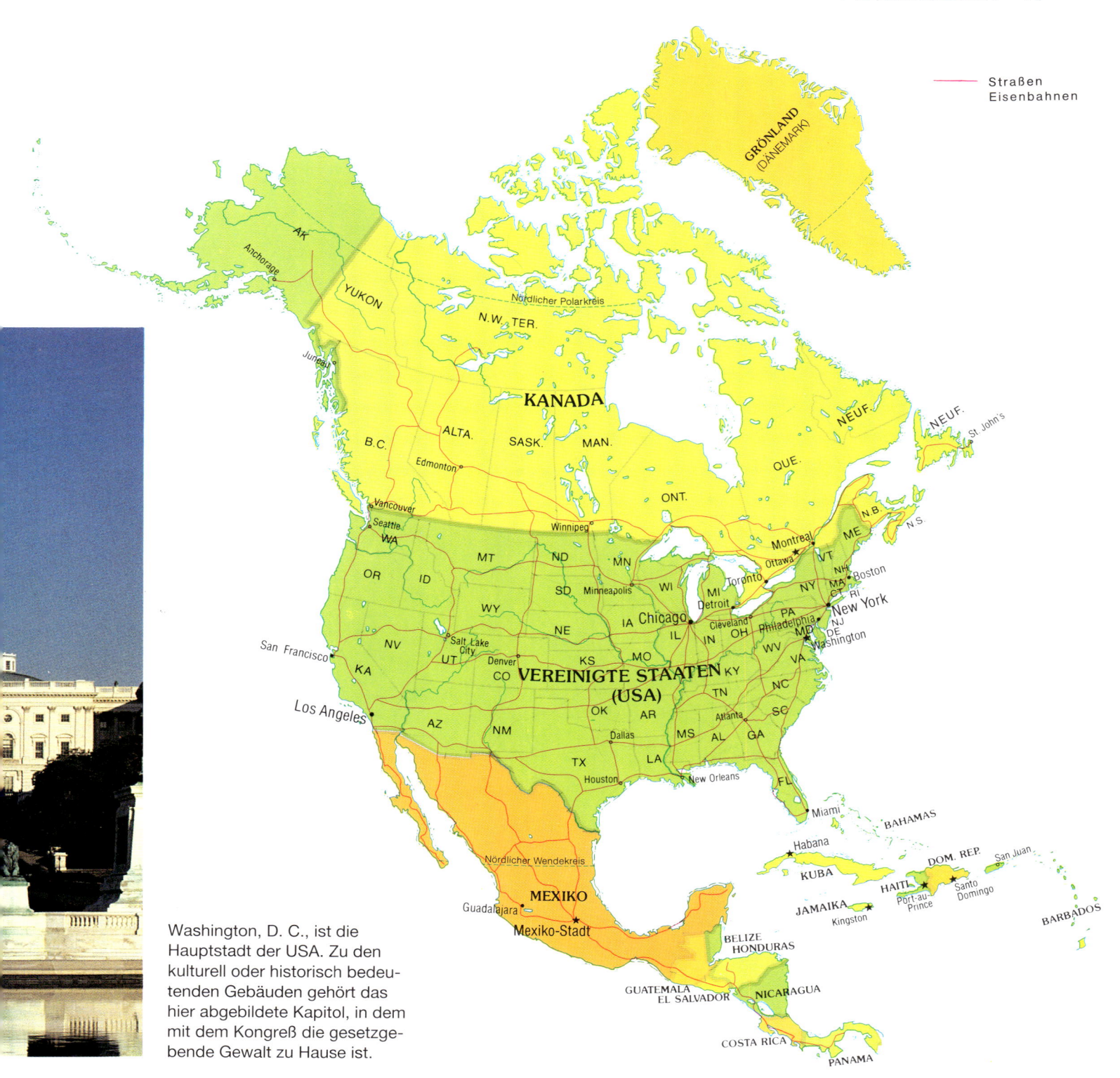

Washington, D. C., ist die Hauptstadt der USA. Zu den kulturell oder historisch bedeutenden Gebäuden gehört das hier abgebildete Kapitol, in dem mit dem Kongreß die gesetzgebende Gewalt zu Hause ist.

Chicago in Illinois am Verbindungsweg zwischen den Großen Seen und dem Mississippi. Detroit, Toronto, Ottawa und Cleveland blicken auf eine ähnliche Geschichte zurück.

Heute liegen in Nordamerika einige der größten und modernsten Städte der gesamten Welt. New York City gehört zu den Städten mit der weltweit höchsten Bevölkerungszahl. Mit insgesamt mehr als 8,8 Millionen Einwohnern ist Mexiko-Stadt sogar noch größer. Mexiko ist mittlerweile das bevölkerungsreichste Land der spanischsprechenden Welt.

72 NORDAMERIKA

NORDAMERIKA

74 NORDAMERIKA

NORDAMERIKA

76 NORDAMERIKA

NORDAMERIKA 77

Südamerika
Landschaft

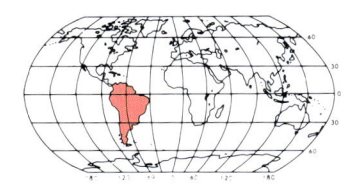

Südamerika

Viertgrößter Kontinent

•

Fünfthöchste Einwohnerzahl: 332.000.000

•

27 Weltstädte mit mehr als 1 Million Einwohnern

•

Höchster Berg: Aconcagua, 6.958,88 Meter

•

Höchster Wasserfall der Welt: Angel Fall, 979,02 Meter

•

Der Äquator quert den Kontinent

Der Kaieteur-Nationalpark in der Mitte Guyanas liegt in einer Region bewaldeter Berge und Hochebenen. Wind und Wasser haben den Sandstein und den Schiefer des Parks in eine Vielzahl interessanter Formen verwandelt.

Die Sierra von Peru ist eine hochgelegene Region mit sanften Hügeln, die umgeben ist von den hochaufragenden Gipfeln der Anden. Zwischen den Bergen liegt Ackerland; dies ist ein Bauerndorf in der Nähe des Flusses Urubamba.

Die Anden verlaufen entlang der gesamten Westküste Südamerikas. Sie erstrekken sich über mehr als 6.500 Kilometer und bilden die längste Gebirgskette der Welt. Einige der höchsten Gipfel der Welt liegen in dieser Kette, und nur der Himalaya in Asien ist höher als der Aconcagua in Argentinien.

An dem Punkt, an dem die Grenzen Argentiniens, Boliviens und Chiles zusammentreffen, teilen sich die Anden in zwei Ketten auf. Zwischen ihnen liegt ein 650 Kilometer breites Hochplateau, das „Altiplano".

Im Norden Chiles liegt zwischen den Anden und dem Pazifik die Atacama-Wüste. Trotz der Nähe zum Meer ist diese Wüste eine der trockensten Gegenden der Erde. An einigen Stellen der Atacama wurde noch niemals Regen registriert.

Viele Flüsse und Ströme entspringen in den Anden und anderen Hochgebirgen. Der Amazonas entspringt in den peruanischen Anden und fließt über mehr als 6000 Kilometer in den Atlantischen Ozean. Er führt mehr Wasser mit sich als jeder andere Fluß der Welt. Pro Sekunde strömen aus dem Amazonas mehr als 100.000 Kubikmeter Wasser in den Atlantik. Der Süßwasserstrom des Flusses kann bis mehr als 150 Kilometer vor der Küste Südamerikas im Salzwasser des Ozeans verfolgt werden.

Der Amazonas fließt durch eine riesige Ebene, das sogenann-

SÜDAMERIKA

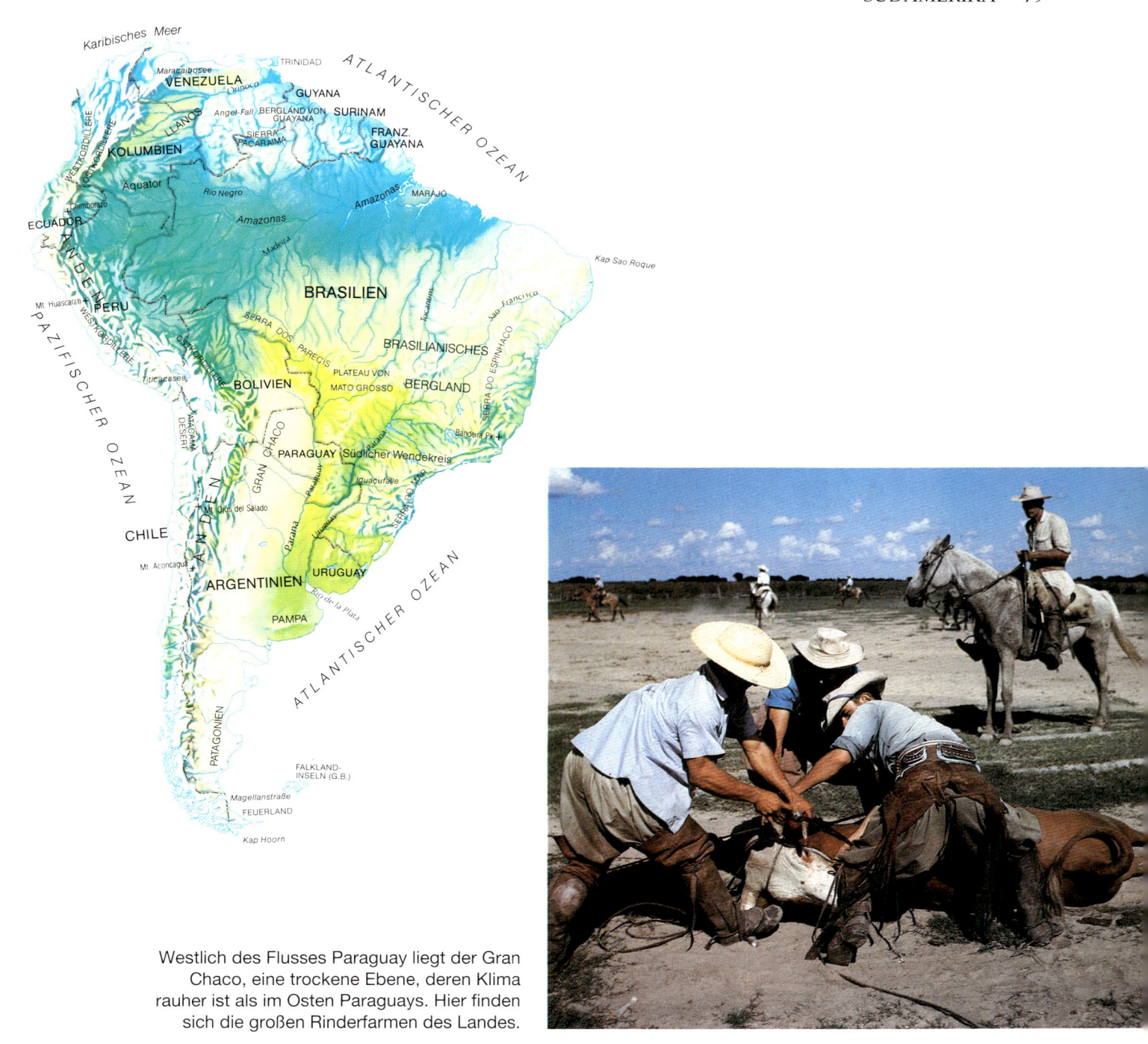

Westlich des Flusses Paraguay liegt der Gran Chaco, eine trockene Ebene, deren Klima rauher ist als im Osten Paraguays. Hier finden sich die großen Rinderfarmen des Landes.

te Amazonasbecken, das fast die Ausdehnung der USA hat. Der Äquator verläuft durch dieses Gebiet, so daß es sehr warm und sehr niederschlagsreich ist. In dieser Region findet man den größten tropischen Regenwald der Erde.

Über Paraguay und große Teile Argentiniens erstreckt sich eine Ebene, die aus zwei verschiedenen Regionen besteht – dem Gran Chaco und der Pampa. Der Gran Chaco ist eine Trockenregion mit wenigen Bäumen. Die Pampa, die mehr Niederschläge erhält, ist ein riesiges, fast baumloses Grasland, das ideal für die Rinder- und Schafzucht geeignet ist. Patagonien befindet sich im Süden des Kontinents.

SÜDAMERIKA
Tierwelt

Nahezu ein Viertel aller Tierarten, die dem Menschen bekannt sind, lebt in Südamerika. Doch der Mensch jagt diese Tiere und ist bestrebt, das Land, auf dem die Tiere leben, zu nutzen, so daß viele Lebewesen vom Aussterben bedroht sind.

Die Regenwälder am Amazonas bieten vielen Tieren eine Heimat. Der Jaguar, eine große gefleckte Wildkatze, durchstreift nachts den Wald, und Herden von schweineähnlichen Pekaris durchwühlen das Unterholz. Hier lebt auch der Tapir, der einem großen Schwein mit einer langen Nase ähnelt.

Die Bäume des Regenwaldes schmücken sich mit dem farbenprächtigen Gefieder von Papageien, Aras, Tukanen und anderen Vögeln. Affen kreischen in den Wipfeln. Faultiere hängen kopfunter an Ästen und ernähren sich nachts von Blättern. Die Riesenschlange Boa Constrictor lebt ebenfalls im Regenwald.

In den Gewässern schwimmen Kaimane, die Alligatoren von Südamerika, und Schwärme von Piranhas mit rasiermesserscharfen Zähnen.

In den südamerikanischen Ebenen lebt der Große Ameisenbär, der mehr als zwei Meter lang wird. Auch den langbeinigen Mähnenwolf findet man hier.

In den Anden leben Lamas, Vikunjas und Alpakas. Viele dieser Tiere wurden gezähmt und werden von den Andenbewohnern wie Schafe oder Rinder gezüchtet. Der Brillenbär lebt an den Hängen der Anden. Er hat seinen Namen von den Kreisen gelblichen Fells, die seine Augen wie Brillenränder umgeben.

Etwa 1000 Kilometer vor der Westküste Ecuadors liegen die Galápagosinseln. Hier leben Kormorane, die nicht fliegen können, große eidechsenähnliche Leguane und Elefantenschildkröten, die mehr als 200 Kilogramm wiegen. Einige der Tierarten sind der Jagd zum Opfer gefallen, doch nun sind die Inseln als Nationalpark und Tierreservat geschützt.

SÜDAMERIKA

SÜDAMERIKA
Wirtschaft und Kultur

Fast die Hälfte aller Südamerikaner lebt von der Landwirtschaft. Die meisten Bauernhöfe sind so klein, daß sie nur die Nahrung abwerfen, die die Bauern selbst brauchen. Die meisten arbeiten noch wie in alten Zeiten ohne Maschinen auf den Feldern. Doch es gibt auch riesige moderne Agrarbetriebe, die allerdings nur wenigen reichen Familien gehören. Einige dieser Agrarbetriebe sind größer als US-Bundesstaaten. Sie produzieren gewaltige Mengen Kaffee, Kakao, Weizen, Zucker, Bananen, Reis und andere Nahrungsmittel. Ein Großteil dieser Nahrungsmittel wird *exportiert*, das heißt in andere Teile der Welt verkauft.

Der Regenwald mag wie ein idealer Platz für die Landwirtschaft wirken. Doch wenn die Bäume gerodet sind, verliert der Dschungelboden die wichtigen Nährstoffe, die die Feldfrüchte zum Wachstum brauchen. Große Teile des Regenwaldes wurden in dem sinnlosen Bemühen gefällt, Ackerland zu gewinnen.

Schafherden und Fleischrinder werden auf riesigen Ranches gezüchtet. Argentinien ist der größte Rindfleischproduzent der Welt.

Bohrtürme in Venezuela und Ecuador fördern Erdöl. Diese beiden Staaten sind die größten Ölexporteure Südamerikas.

Das Leben in den südamerikanischen Großstädten gleicht dem in Nordamerika. Es gibt moderne Hochhäuser, Flughäfen und Geschäftsstraßen. Aber viele Indios außerhalb der Großstädte von Peru, Bolivien und Ecuador leben noch genauso wie ihre Vorfahren. Und im Regenwald gibt es viele kleine Stämme, die noch so leben, wie es ihre Vorfahren vor Jahrtausenden getan haben.

Vor mehr als vierhundert Jahren blühte in den Anden die Hochkultur des Inkareiches. Der Sage nach wurden die ersten Inkas, Manco Capac und seine Schwester, vom Sonnengott auf der Sonneninsel im Titicacasee geschaffen.

Eine von Generation zu Generation vererbte Kunst in den Anden ist das Weben. Indios spinnen dicke Alpakawolle zu Fäden und weben daraus warme Decken, Hüte und andere Kleidung.

Fußball ist eine der verbreitetsten Sportarten der Welt. In mehreren südamerikanischen Ländern ist Fußball der Nationalsport.

SÜDAMERIKA 83

SÜDAMERIKA
Staaten und Städte

Wie Nordamerika wurde Südamerika in den letzten 500 Jahren von Europäern erforscht und erobert. Menschen aus Spanien, Portugal und anderen europäischen Ländern ließen sich auf Land nieder, das teilweise seit Jahrhunderten von Indios bewohnt wurde. Viele Kriege wurden ausgetragen, doch die Grenzen der meisten heutigen Staaten Südamerikas haben seit mehr als hundert Jahren Bestand.

Der größte und bevölkerungsreichste Staat Südamerikas ist Brasilien. Nur Rußland, China, Kanada und die USA sind größer als Brasilien. In Brasilien leben mehr Menschen als in allen anderen südamerikanischen Staaten zusammen. Brasilien ist auch der führende

Surinams Bauxitlager sind die Grundlage für den Bergbau und die Industrie des Staates. Große Mengen Bauxit werden in die USA verschifft, doch auch Surinams Fabriken verhütten das Erz zu Aluminiumoxid und Aluminium für den Export.

Industriestaat Südamerikas.

Bolivien, Peru und Ecuador haben viele Gemeinsamkeiten. Sie alle gehörten einst zum Inkareich, einer Hochkultur der Indios, die in Südamerika herrschten, bevor die Europäer kamen. Cuzco im heutigen Peru war die Hauptstadt des Inkareiches.

Wie die Nord- und Mittelamerikaner sprechen die meisten Südamerikaner die Sprache des europäischen Staates, der einst das Gebiet beherrschte, in dem sie leben. So war Brasilien einst eine Kolonie Portugals, und heute sprechen die meisten Brasilianer Portugiesisch. Viele andere südamerikanische Staaten gehörten einst zu Spanien, weshalb Spanisch in weiten Teilen des Kontinents gesprochen wird.

In Südamerika liegen viele bedeutende Städte. Die größte ist São Paulo in Brasilien – eine der größten der Welt. Buenos Aires in Argentinien und Rio de Janeiro in Brasilien gehören ebenfalls zu den zehn größten Städten überhaupt. Alle drei sind sehr modern und haben eine bedeutende Industrie. Wenn man die drei Städte auf einer Karte betrachtet, fällt auf, daß ihnen eins gemeinsam ist: Alle liegen nahe am Atlantik. Sie entstanden an natürlichen Häfen, in denen Schiffe sicher landen konnten. Viele Städte überall auf der Welt entstanden in der Nähe solcher Häfen.

Quito liegt in den Anden, nur 24 Kilometer südlich des Äquators, und wurde schon vor dem 11. Jahrhundert besiedelt. Quito ist die Hauptstadt und zweitgrößte Stadt Ecuadors.

Rio de Janeiro, zweitgrößte Stadt Brasiliens und eine der bevölkerungsreichsten Städte der Welt, ist ein beliebtes Touristenziel.

Orte Einwohner

0 bis 50 000 ○ | 500 000 bis 1 000 000 | Maßstab 1:16 850 000

50 000 bis 500 000 ⊙ | 1 000 000 und mehr | Zylinderprojektion

SÜDAMERIKA 87

SÜDAMERIKA

Antarktika
Der Südpol

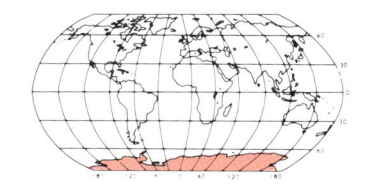

Antarktika in Zahlen

Fünftgrößter Kontinent

Nicht ständig besiedelt

Höchster Berg: Mount Vinson, 5.140,14 Meter

Lage des Südpols

Lage des magnetischen Südpols

Niedrigste gemessene Temperatur der Erde: Wostok, −89 °C

Antarktika, der kälteste Kontinent der Erde, liegt rund um den Südpol. Hier ist es so kalt, daß ein Mensch ohne die entsprechende Kleidung innerhalb von Minuten erfrieren würde. Im tiefsten Winter, in der südlichen Hemisphäre also im Juni, fällt die Temperatur unter −70 °C.

Wie die Gebiete nördlich des nördlichen Polarkreises bleibt Antarktika einen Teil des Jahres ohne Sonnenlicht. Dies liegt daran, daß die Rotationsachse der Erde, die durch den Nord- und Südpol wie die Achsen von Rädern reicht, schräg zur Ebene des Planetenorbits steht. Ein Besucher des Südpols würde während des Sommers sechs Monate ununterbrochenen Tageslicht genießen. Dafür dauert der arktische Winter sechs Monate, in denen es ständig Nacht ist.

Auch im Sommer spendet die Sonne dem Kontinent nur wenig Wärme. Der größte Teil von Antarktika ist von einer dicken Schicht Schnee bedeckt. Sie bildet am Südpol ein mehrere Kilometer hohes Plateau.

Mikroskopische kleine Geschöpfe bevölkern die Gewässer rund um Antarktika, doch es finden sich auch große Tiere. Zu ihnen gehören Robben, Vögel und 135 Tonnen schweren Blauwale.

Antarktika ist auch die Heimat vieler Pinguine. Obwohl Pinguine Vögel sind, können sie nicht fliegen. Sie benutzen ihre Flügel als Paddel zum Schwimmen.

1911 erreichten die ersten Forscher den Südpol. Heute lebt niemand ständig dort, doch Hunderte von Wissenschaftlern studieren die einzigartige Umwelt von Antarktika.

Pinguine toben in den kalten Gewässern vor der Küste Antarktikas umher. Dies sind Adeliepinguine, eine der zwei Pinguinarten, die als einzige auf Antarktika selbst brüten.

Die Welt in Zahlen

Allgemeine Daten

Mittlere Entfernung der Erde zur Sonne, 149.600.000 km
Mittlere Entfernung der Erde vom Mond, 384.403 km
Durchmesser der Erde (Äquator), 12.756,32 km
Durchmesser der Erde (Pol), 12.713,55 km
Mittlerer Durchmesser der Erde, 12742 km
Äquatorumfang der Erde, 40.075,161 km
Polumfang der Erde, 40.008,005 km
Gesamtfläche der Erde, 510.100.000 km²
Landoberfläche der Erde (einschließlich Binnenseen und Antarktika), 149.961.009 km²
Höchste Erhebung der Erdoberfläche, Mount Everest, Asien, 8848 m
Tiefste Senke der Erdoberfläche, Ufer des Toten Meers, Asien, 403 m unter dem Meeresspiegel
Größte bekannte Ozeantiefe, südwestlich von Guam, Pazifischer Ozean, 11.034 m
Fläche von Afrika, 30.273.000 km²
Fläche von Antarktika (mit Schelfeis), 14.110.000 km²
Fläche von Asien, 44.699.000 km²
Fläche von Europa, 9.839.000 km²
Fläche von Nordamerika, 24.219.000 km²
Fläche von Ozeanien (einschließlich Australien), 8.937.000 km²
Fläche von Südamerika, 17.836.000 km²
Gesamtbevölkerung der Erde, ca. 6 Milliarden

Bedeutende Inseln und ihre Fläche

Insel	Fläche (km²)
Baffin-Insel, Kanada	507.454
Borneo, Asien	744.107
Celebes, Indonesien	189.218
Feuerland, Südamerika	48.174
Grönland, Nordamerika	2.175.600
Großbritannien (ohne Nordirland)	229.979
Hainan, China	33.929
Haiwaii, USA	10.448
Hanshu, Japan	230.966
Hispaniola, Nordamerika	75.887
Hokkaido, Japan	83.515
Irland, Europa	84.434
Island, Europa	103.082
Jamaika, Nordamerika	10.878
Java, Indonesien	132.188
Korsika, Frankreich	8.682
Kreta, Griechenland	8.260
Kuba, Nordamerika	110.852
Luzon, Philippinen	104.687
Madagaskar, Afrika	587.930
Mindanao, Philippinen	94.631
Neufundland, Kanada	108.860
Neuguinea, Ozeanien	800.310
Puerto Rico, Nordamerika	9.065
Sachalin, Rußland	76.405
Sardinien, Italien	24.089
Sizilien, Italien	25.708
Southampton-Insel, Kanada	41.215
Spitzbergen, Norwegen	39.523
Sri Lanka, Asien	64.491
Taiwan, Asien	36.001
Tasmanien, Australien	67.858
Vancouver-Insel, Kanada	31.285
Victoria-Insel, Kanada	217.293
Zypern, Asien	9.251

Bedeutende Ozeane, Meere, Seen und ihre Fläche

Gewässer	Fläche (km²)
Arabisches Meer	3.864.000
Atlantischer Ozean	106.500.000
Beringmeer, Asien-Nordamerika	2.270.000
Bodensee, Europa	539
Eriesee, Nordamerika	25.612
Gelbes Meer, Asien	1.243.000
Golf von Mexiko	1.544.000
Großer Salzsee, Nordamerika	4.351
Hudsonbai, Kanada	1.230.000
Huronsee, Nordamerika	61.797
Indischer Ozean	74.900.000
Karibisches Meer	2.753.000
Kaspisches Meer, Asien	371.000
Michigansee, USA	58.000
Mittelmeer	3.000.000
Nordpolarmeer	14.100.000
Nordsee, Europa	580.000
Oberer See, Nordamerika	84.131
Ontariosee, Nordamerika	18.941
Ostsee, Europa	400.000
Pazifischer Ozean	179.700.000
Rotes Meer	440.000
Schwarzes Meer, Europa-Asien	461.000
Tanganjikasee, Afrika	34.000
Titicacasee, Südamerika	8.100
Tschadsee, Afrika	16.316
Victoriasee, Afrika	68.000

Bedeutende Berge und ihre Höhe

Berg/Land	Höhe (Meter)
Aconcagua, Argentinien	6.959
Annapurna, Nepal	8.078
Apo, Philippinen	2.954
Ararat, Türkei	5.165
Ätna, Italien	3.263
Ben Nevis, Großbritannien	1.343
Bolivar, Venezuela	5.002
Chimbarazo, Ecuador	6.267
Dhaulagiri, Nepal	8.167
Elbrus, Georgien	5.642
Emi Koussi, Tschad	3.415
Fuji-san (Fudschijama), Japan	3.776
Gangga Shan, China	7.556
Gannett Peak, USA	4.202
Grant Teton, USA	4.196
Großglockner, Österreich	3.797
Iztaccihuatl, Mexiko	5.286
Jabal Katrina, Ägypten	2.642
Jebel Toubkal, Marokko	4.165
Jungfrau, Schweiz	4.158
K2 (Godwin Austen), China/Pakistan	8.611
Kamerunberg, Kamerun	4.070
Kanchenjunga, Indien/Nepal	8.598
Kilimandscharo, Tansania	5.895
Lassen Peak, USA	3.187
Longs Peak, USA	4.345
Margherita, Dem. Rep. Kongo/Uganda	5.109
Matterhorn, Italien/Schweiz	4.478
Mauna Kea, USA	4.205
Misti, Peru	5.821
Mont Blanc, Frankreich/Italien	4.807
Mount Cook, Neuseeland	3.764
Mount Elbert, USA	4.399
Mount Elgon, Kenia/Uganda	4.322
Mount Everest, China/Nepal	8.848
Mount Fairweather, Kanada/USA	4.663
Mount Hood, USA	3.426
Mount Kenya, Kenia	5.200
Mount Kosciusko, Australien	2.230
Mount Logan, Kanada	5.951
Mount McKinley, USA	6.194
Mount Rainier, USA	4.392
Mount Shasta, USA	4.317
Mount Washington, USA	1.917
Mount Whitney, USA	4.417
Mount Wilhelm, Papua-Neuguinea	4.509
Mulhacén, Spanien	3.478
Nanga Parbat, Pakistan	8.126
Nevado Illimani, Bolivien	6.447
Nevado Sajama, Bolivien	6.542
Olymp, Griechenland	2.917
Pico Cristóbal Colón, Kolumbien	5.775
Pico de Orizaba, Mexiko	5.610
Pik Kommunismus, Tadschikistan	7.495
Pikes Peak, USA	4.301
Popocatépetl, Mexiko	5.452
Puncak Jaya, Indonesien	5.030
Vesuv, Italien	1.281
Vinsonmassiv, Antarktika	5.140
Zugspitze, Deutschland	2.962

Bedeutende Flüsse und ihre Länge

Fluß/Kontinent	Länge (km)
Amazonas, Südamerika	6.518
Amudarja, Asien	2.620
Amur, Asien	4.510
Arkansas, Nordamerika	2.333
Brahmaputra, Asien	2.900
Colorado, Nordamerika	2.900
Columbia, Nordamerika	2.250
Donau, Europa	2.850
Elbe, Europa	1.165
Euphrat, Asien	2.700
Ganges, Asien	2.700
Huang He, China	4.845
Indus, Asien	3.180
Irawadi, Asien	2.012
Jangtsekiang, Asien	5.980
Jenissei, Asien	4.130
Kongo, Afrika	4.650
Lena, Asien	4.270
Limpopo, Afrika	1.600
Loire, Europa	1.020
Mekong, Asien	4.500
Mississippi, Nordamerika	3.778
Missouri, Nordamerika	3.725
Murray, Australien	2.570
Niger, Afrika	4.160
Nil, Afrika	6.671
Ohio, Nordamerika	1.579
Oranje, Afrika	1.860
Orinoco, Südamerika	2.736
Paraguay, Südamerika	2.200
Paraná, Südamerika	4.500
Peace, Nordamerika	1.923
Petschara, Europa	1.790
Red, Nordamerika	2.040
Rhein, Europa	1.236
Rhône, Europa	812
Rio de la Plata-Paraná, Südamerika	4.700
Rio Grande, Nordamerika	2.800
Rio Negro, Südamerika	1.550
Saluen, Asien	2.500
Sambesi, Afrika	2.660
Sao Francisco, Südamerika	2.897
St.-Lorenz-Strom, Nordamerika	1.287
Sungari, Asien	1.927
Syrdarja, Asien	3.078
Tarim, Asien	2.750
Tigris, Asien	1.950
Tocantins, Südamerika	2.640
Ucayali, Südamerika	1.960
Ural, Asien	2.534
Wolga, Europa	3.688
Xingu, Südamerika	1.980
Yellowstone, Nordamerika	1.080
Yukon, Nordamerika	3.185

Register

Ort	Kartenschlüssel	Seite
Abidjan, Elfenbeinküste	G4	52
Accra, Ghana	G4	52
Addis Abeba, Äthiopien	G12	53
Adelaide, Australien	F7	62
Aden, Jemen	H7	42
Afghanistan (Staat), Asien	F9	42
Ägypten (Staat), Afrika	C10	53
Alaska (US-Staat), USA	G16	74
Albanien (Staat), Europa	G11	30
Alborg, Dänemark	D8	30
Aleppo, Syrien	F6	42
Algerien (Staat), Afrika	C4	52
Algier, Algerien	A5	52
Alma Ata, Kasachstan	E8	32
Alpen (Gebirge), Europa	F8	30
Amazonas (Fluß), Südamerika	D9	87
Amman, Jordanien	p26	43
Amsterdam, Niederlande	E7	30
Anden (Gebirge), Südamerika	D4	86
Andorra (Staat), Europa	G7	30
Angola (Staat), Afrika	C3	54
Ankara, Türkei	F6	42
Antananarivo, Madagaskar	D9	55
Antigua und Barbuda (Staat), Nordamerika	E12	77
Antwerpen, Belgien	E7	30
Appalachen (Gebirge), Nordamerika	C10	75
Äquatorial-Guinea (Staat), Afrika	H6	52
Argentinien (Staat), Südamerika	E3	88
Armenien (Staat, GUS), Asien	E5	32
Aschchabad, Turkmenien	F6	32
Aserbaidschan (Staat), Asien	E5	32
Asuncion, Paraguay	B5	88
Athen, Griechenland	H11	30
Äthiopien (Staat), Afrika	G12	53
Atlanta, USA	D10	75
Atlasgebirge, Afrika	B3	52
Auckland, Neuseeland	m17	63
Australien (Staat), Ozeanien		62
Baghdad, Irak	F7	42
Bahamas (Staat), Nordamerika	C9	77
Baku, Aserbaidschan	E6	32
Baltimore, USA	C11	75
Bangkok, Thailand	H13	42
Bangladesh (Staat), Asien	G11	42
Barbados (Staat), Nordamerika	F13	77
Barcelona, Spanien	G7	30
Basra, Irak	F7	42
Beirut, Libanon	F6	42
Belfast, Großbritannien	E5	30
Belgien (Staat), Europa	E7	30
Belgrad, Serbien (Jugoslawien)	F11	30
Belize (Staat), Nordamerika	E7	77
Bengalen, Golf von, Asien	H11	42
Benin (Staat), Afrika	G5	52
Bergen, Norwegen	C8	30
Beringmeer	D20	43
Berlin, Deutschland	E9	30
Bern, Schweiz	F8	30
Bhutan (Staat), Asien	G11	42
Bilbao, Spanien	G6	30
Birmingham, Großbritannien	E6	30
Bischkek, Kirgisien	E8	32
Bogotá, Kolumbien	q19	86
Bolivien (Staat), Südamerika	G6	86
Bologna, Italien	G9	30
Bombay, Indien	H10	42
Bonn, Deutschland	E8	30
Bordeaux, Frankreich	G6	30
Bosnien-Herzegowina (Staat), Europa	G10	30
Boston, USA	B12	75
Botswana (Staat), Afrika	E4	54
Brahmaputra (Fluß), Asien	G12	42
Brasília, Brasilien	G10	87
Brasilien (Staat), Südamerika	E7	87
Bratislava, Slowakei	F10	30
Brazzaville, Kongo	A3	54
Bremen, Deutschland	E8	30
Breslau, Polen	E10	30
Brisbane, Australien	E10	63
Brunei (Staat), Asien	J14	42
Brüssel, Belgien	E7	30
Budapest, Ungarn	F10	30
Buenos Aires, Argentinien	m11	88
Bukarest, Rumänien	G12	30
Bulgarien (Staat), Europa	G11	30
Burkina Faso (Staat), Afrika	F4	52
Burundi (Staat), Afrika	A5	54
Calgary, Kanada	E8	72
Canberra, Australien	G9	63
Caracas, Venezuela	k15	87
Casablanca, Marokko	B2	52
Chicago, USA	B9	75
Chile (Staat), Südamerika	D2	88
China (Staat), Asien	F11	42
Colombo, Sri Lanka	J10	42
Colorado (Fluß), Nordamerika	C4	74
Columbia (Fluß), Nordamerika	A2	74
Córdoba, Argentinien	C4	88
Cork, Irland	E5	30
Costa Rica (Staat), Nordamerika	F8	77
Dakar, Senegal	F1	52
Dallas, USA	D7	74
Damaskus, Syrien	F6	42
Dänemark (Staat), Europa	D8	30
Danzig, Polen	E10	30
Daressalam, Tansania	B7	55
Den Haag, Niederlande	E7	30
Denver, USA	C6	74
Detroit, USA	B10	75
Deutschland (Staat), Europa	E8	30
Dhaka, Bangladesh	G12	42
Djibouti (Staat), Afrika	F13	53
Dominica (Staat), Nordamerika	E12	77
Dominikanische Republik (Staat), Nordamerika	E10	77
Donau (Fluß), Europa	F9	30
Dresden, Deutschland	E9	30
Dschidda, Saudi-Arabien	G6	42
Dublin, Irland	E5	30
Duschanbe, Tadschikistan	F7	32
Ecuador (Staat), Südamerika	D4	86
Edinburgh, Großbritannien	D6	30
Edmonton, Kanada	E8	72
El Salvador (Staat), Amerika	F7	76
Elfenbeinküste (Staat), Afrika	G3	52
Eritrea (Staat), Afrika	G12	53
Er Riad, Saudi-Arabien	G7	42
Eriesee, Nordamerika	B10	75
Estland (Staat), Europa	D3	32
Everest, Mount, Asien	G11	42
Falkland-Inseln (brit.), Südamerika	G5	88
Färöer (dän.), Europa	C5	30
Finnland (Staat), Europa	C12	30
Florenz, Italien	G9	30
Florida (US-Staat), USA	E10	75
Frankfurt, Deutschland	E8	30
Frankreich (Staat), Europa	F7	30
Französisch-Guayana (franz.), Südamerika	C9	87
Gabun (Staat), Afrika	H7	52
Gambia (Staat), Afrika	F1	52
Ganges (Fluß), Asien	G10	42
Gemeinschaft Unabhängiger Staaten		42
Genf, Schweiz	F8	30
Genua, Italien	G8	30
Georgetown, Guyana	B8	87
Georgien (Staat), Asien	E5	32
Ghana (Staat), Afrika	G4	52
Gibraltar (brit.), Europa	H5	30
Glasgow, Großbritannien	D6	30
Gobi (Wüste), Asien	E12	42
Göteborg, Schweden	D9	30
Graz, Österreich	F10	30
Grenada (Staat), Nordamerika	F12	77
Griechenland (Staat), Europa	H11	30
Großbritannien (Staat), Europa	D6	30

92 REGISTER

Ort	Kartenschlüssel	Seite
Großer Salzsee, USA	B4	74
Guadalajara, Mexiko	D4	76
Guatemala (Staat), Nordamerika	E6	76
Guayana (Staat), Südamerika	B8	87
Guinea (Staat), Afrika	F2	52
Guinea-Bissau (Staat), Afrika	F1	52
Habana, Kuba	D8	77
Haifa, Israel	o25	43
Haiti (Staat), Nordamerika	E10	77
Hamburg, Deutschland	E8	30
Hannover, Deutschland	E8	30
Hanoi, Vietnam	G13	43
Harare, Simbabwe	D6	54
Hawai (US-Staat), USA	m25	74
Helsinki, Finnland	C11	30
Himalaya (Gebirge), Asien	G11	42
Ho-Chi-Minh-Stadt, Vietnam	H13	43
Honduras (Staat), Nordamerika	F7	76
Hongkong (brit.), Asien	G14	43
Honolulu, USA	m25	74
Houston, USA	E7	75
Hudsonbai, Kanada	C13	73
Huronsee, Nordamerika	B10	75
Indien (Staat), Asien	G10	42
Indonesien (Staat), Asien	A3	62
Indus (Fluß), Asien	G9	42
Irak (Staat), Asien	F7	42
Iran (Staat), Asien	F8	42
Irkutsk, Rußland	D11	33
Irland (Staat), Europa	E4	30
Islamabad, Pakistan	F10	42
Island (Staat), Europa	B3	30
Israel (Staat), Asien	F6	42
Istanbul, Türkei	E5	42
Italien (Staat), Europa	G9	30
Izmir, Türkei	H12	30
Jakutsk, Rußland	C13	33
Jamaika (Staat), Nordamerika	E9	77
Jangtsekiang (Fluß), Asien	G14	43
Japan (Staat), Asien	F16	43
Jaunde, Kamerun	H7	52
Jemen (Staat), Asien	H7	42
Jerewan, Armenien	E5	32
Jerusalem, Israel	p26	43
Johannesburg, Südafrika	F5	54
Jokohama, Japan	F16	43
Jordanien (Staat), Asien	F6	42
Jugoslawien (Staat), Europa	G10	30
Kabul, Afghanistan	G9	42
Kairo, Ägypten	B11	53
Kalifornien (US-Staat), USA	C2	74
Kalkutta, Indien	G11	42
Kamerun (Staat), Afrika	G7	52
Kampala, Uganda	H11	53
Kamputschea (Staat), Asien	H13	43
Kanada (Staat), Nordamerika		72
Kanton, China	G14	43
Kap Horn, Chile	H3	88
Kap Verde (Staat), Afrika	o17	52
Kapstadt, Südafrika	q13	54
Karatschi, Pakistan	G9	42
Karibisches Meer	F9	77
Karpaten (Gebirge), Europa	F11	30
Kasachstan (Staat, GUS), Asien	E7	32
Kaspisches Meer	F6	32
Katar (Staat), Asien	G8	42
Katmandu, Nepal	G11	42
Kattowitz, Polen	E10	30
Kaukasus (Gebirge), GUS	E5	32
Kenia (Staat), Afrika	H12	53
Khartum, Sudan	E11	53
Kiew, Ukraine	D4	32
Kinshasa, Zaire	A3	54
Kirgisien (Staat, GUS), Asien	E8	32
Köln, Deutschland	E8	30
Kolumbien (Staat), Südamerika	C4	86
Komoren (Staat), Afrika	C8	55
Kongo (Fluß), Afrika	A3	54
Kongo (Staat), Afrika	H8	53
Kopenhagen, Dänemark	D9	30
Krakau, Polen	E10	30
Kroatien (Staat), Europa	F10	30
Kuala Lumpur, Malaysia	J13	42
Kuba (Staat), Nordamerika	D8	77
Kuwait (Staat), Asien	G7	42
La Paz, Bolivien	G6	86
Lagos, Nigeria	G5	52
Laos (Staat), Asien	H13	42
Leipzig, Deutschland	E9	30
Lesotho (Staat), Afrika	F5	54
Lettland (Staat), Europa	D3	32
Lhasa, China	G12	42
Libanon (Staat), Asien	F6	42
Liberia (Staat), Afrika	G3	52
Libyen (Staat), Afrika	C7	53
Liechtenstein (Staat), Europa	F8	30
Lima, Peru	F4	86
Lissabon, Portugal	H5	30
Litauen (Staat), Europa	D3	32
Liverpool, Großbritannien	E6	30
Ljubljana, Slowenien	F9	30
Lodz, Polen	E10	30
Lomé, Togo	G5	52
London, Großbritannien	E7	30
Los Angeles, USA	D3	74
Luanda, Angola	B2	54
Lusaka, Sambia	D5	54
Luxemburg (Staat), Europa	F8	30
Macao (port.), Asien	G14	43
Madagaskar (Staat), Afrika	E9	55
Madrid, Spanien	G6	30
Mailand, Italien	F8	30
Malawi (Staat), Afrika	C6	54
Malaysia (Staat), Asien	J13, J14	43
Malediven (Staat), Asien	J10	42
Mali (Staat), Afrika	E4	52
Malmö, Schweden	D9	30
Malta (Staat), Europa	H9	30
Managua, Nicaragua	F7	76
Manchester, Großbritannien	E6	30
Manila, Philippinen	H15	43
Maputo, Mosambik	F6	54
Marokko (Staat), Afrika	B3	52
Marseille, Frankreich	G7	30
Mauretanien (Staat), Afrika	E2	52
Medellín, Kolumbien	B4	86
Mekka, Saudi-Arabien	G6	42
Melbourne, Australien	G9	63
Mexiko (Staat), Nordamerika	D4	76
Mexiko-Stadt, Mexiko	E5	76
Miami, USA	E10	75
Michigansee, USA	B9	75
Minsk, Weißrußland	D3	32
Mississippi (Fluß), USA	C9	75
Missouri (Fluß), USA	B7	75
Mittelmeer	H8	30
Moldawien (Staat, GUS), Europa	E3	32
Mombasa, Kenia	A7	55
Monaco (Staat), Europa	G8	30
Mongolei (Staat), Asien	E13	42
Monrovia, Liberia	G2	52
Monterrey, Mexiko	C4	76
Montevideo, Uruguay	D5	88
Montréal, Kanada	F16	73
Mosambik (Staat), Afrika	E6	54
Moskau, Rußland (GUS)	D4	32
Mount McKinley, Nordamerika	g16	74
München, Deutschland	F9	30
Myanmar (Staat), Asien	G12	42
Nairobi, Kenia	A7	55
Namibia (Staat), Afrika	E3	54
Neapel, Italien	G9	30
Nepal (Staat), Asien	G11	42
Neu-Delhi, Indien	G10	42
Neukaledonien (franz.), Ozeanien	D13	63
Neuseeland (Staat), Ozeanien	n16	63
New Orleans, USA	E9	75
New York, USA	B12	75
Nicaragua (Staat), Nordamerika	F7	76
Niederlande (Staat), Europa	E7	30
Niger (Staat), Afrika	E6	52
Nigeria (Staat), Afrika	G6	52
Nil (Fluß), Afrika	C11	53
Nizza, Frankreich	G8	30
Nordkorea (Staat), Asien	E15	43
Nordsee, Europa	D7	30
Norwegen (Staat), Europa	B9	30
Oberer See, Nordamerika	A9	75
Ohio (Fluß), USA	C9	75
Oman (Staat), Asien	G8	42
Ontariosee, Nordamerika	B11	75
Osaka, Japan	F16	43
Oslo, Norwegen	C8	30
Österreich (Staat), Europa	F9	30
Ottawa, Kanada	F15	73

REGISTER 93

Ort	Kartenschlüssel	Seite
Pakistan (Staat), Asien	G9	42
Palermo, Italien	H9	30
Panama (Staat), Nordamerika	G8	77
Panamá, Panama	G9	77
Papua-Neuguinea (Staat), Ozeanien	A8	63
Paraguay (Staat), Südamerika	A5	88
Paris, Frankreich	F7	30
Peking, China	E14	43
Persischer Golf, Asien	G8	42
Perth, Australien	F3	62
Peru (Staat), Südamerika	E4	86
Philadelphia, USA	C12	75
Philippinen (Staat), Asien	H15	43
Phnom Penh, Kamputschea	H13	43
Pjöngjang, Nordkorea	F15	43
Polen (Staat), Europa	E10	30
Port Moresby, Papua-Neuguinea	A9	63
Port-au-Prince, Haiti	E10	77
Porto, Portugal	G5	30
Portsmouth, Großbritannien	E6	30
Portugal (Staat), Europa	H5	30
Prag, Tschechische Republik	E9	30
Pretoria, Südafrika	F5	54
Puerto Rico (Staat), Nordamerika	E11	77
Quebec, Kanada	E16	73
Quito, Ecuador	D4	86
Rabat, Marokko	B3	52
Rangun, Myanmar	H12	42
Reval, Estland	D3	32
Reykjavik, Island	C2	30
Rhein (Fluß), Europa	E8	30
Riga, Lettland	D3	32
Rio de Janeiro, Brasilien	H11	87
Rio Grande (Fluß), Nordamerika	E7	74
Rocky Mountains (Gebirge), Nordamerika	A4	74
Rom, Italien	G9	30
Rotes Meer	G6	42
Rotterdam, Niederlande	E7	30
Ruanda (Staat), Afrika	A5	54
Rumänien (Staat), Europa	F11	30
Rußland (Staat)		42
Sahara (Staat), Afrika	D2	52
Sahara (Wüste), Afrika	D3	52
Saint Lucia (Staat), Nordamerika	F12	77
Salomon-Inseln (Staat), Ozeanien	A12	63
Sambesi (Fluß), Afrika	D5	54
Sambia (Staat), Afrika	C5	54
San Diego, USA	D3	74
San Francisco, USA	C2	74
San José, Costa Rica	F8	77
San Juan, Puerto Rico	n18	77
San Marino (Staat), Europa	G9	30
San Salvador, El Salvador	F7	76
Sana, Jemen	H7	42
Santiago, Chile	C2	88
Santo Domingo, Dominikanische Republik	E11	77
São Tome und Principe (Staat), Afrika	H6	52
São Paulo, Brasilien	A7	88
Sarajewo, Bosnien-Herzegowina	G10	30
Saudi-Arabien (Staat), Asien	G7	42
Schenyang, China	E15	43
Schwarzes Meer	H13	31
Schweden (Staat), Europa	D9	30
Schweiz (Staat), Europa	F8	30
Seattle, USA	A2	74
Senegal (Staat), Afrika	F2	52
Seoul, Südkorea	F15	43
Sevilla, Spanien	H5	30
Shanghai, China	F15	43
Sierra Leone (Staat), Afrika	G2	52
Simbabwe (Staat), Afrika	D5	54
Singapur (Staat), Asien	J13	43
Slowakische Republik (Staat), Europa	F10	30
Slowenien (Staat), Europa	F9	30
Sofia, Bulgarien	G11	30
Somalia (Staat), Afrika	H13	53
Spanien (Staat), Europa	G6	30
Sri Lanka (Staat), Asien	J11	42
St. Christopher und Nevis (Staat), Nordamerika	E12	77
St. Petersburg, Rußland	D4	32
St. Vincent und Grenadinen (Staat), Nordamerika	F12	77
St.-Lorenz-Strom, Nordamerika	F17	73
Stettin, Polen	E9	30
Stockholm, Schweden	D10	30
Straßburg, Frankreich	F8	30
Stuttgart, Deutschland	F8	30
Südafrika (Staat), Afrika	F5	54
Sudan (Staat), Afrika	F10	53
Südkorea (Staat), Asien	F15	43
Suez-Kanal, Ägypten	q23	43
Surinam (Staat), Südamerika	C8	87
Swasiland (Staat), Afrika	F6	54
Sydney, Australien	F10	63
Syrien (Staat), Asien	F6	42
Tadschikistan (Staat, GUS), Asien	F8	32
Taipeh, Taiwan	G15	43
Taiwan (Staat), Asien	G15	43
Tansania (Staat), Afrika	B6	54
Taschkent, Usbekistan	E7	32
Tegucigalpa, Honduras	F7	76
Teheran, Iran	F8	42
Tel Aviv, Israel	B11	53
Thailand (Staat), Asien	H13	42
Thessaloniki, Griechenland	G11	30
Timbuktu, Mali	E4	52
Tirana, Albanien	G10	30
Togo (Staat), Afrika	G5	52
Tokio, Japan	F17	43
Toronto, Kanada	G15	73
Trinidad und Tobago (Staat), Nordamerika	F12	77
Tripolis, Libyen	B7	53
Tschad (Staat), Afrika	F8	53
Tschechische Republik (Staat), Europa	F10	30
Tunesien (Staat), Afrika	A6	52
Turin, Italien	F8	30
Türkei (Staat)	F6	42
Turkmenien (Staat, GUS), Asien	F7	32
Uganda (Staat), Afrika	H11	53
Ukraine (Staat, GUS), Europa	E4	32
Ulan Bator, Mongolei	E13	42
Ungarn (Staat), Europa	F10	30
Uruguay (Staat), Südamerika	C5	88
Usbekistan (Staat, GUS), Asien	E7	32
Valencia, Spanien	H6	30
Vancouver, Kanada	F6	72
Vanuatu (Staat), Ozeanien	C13	63
Venedig, Italien	F9	30
Venezuela (Staat), Südamerika	B6	86
Vereinigte Arabische Emirate (Staat), Asien	G8	42
Vereinigte Staaten von Amerika (Staat), Nordamerika		74
Vietnam (Staat), Asien	H13	43
Vilnius, Litauen	D3	32
Warschau, Polen	E11	30
Washington, USA	C11	75
Weißrußland (Staat, GUS), Europa	D3	32
Wellington, Neuseeland	n17	63
Wien, Österreich	F10	30
Windhuk, Namibia	E3	54
Wolga (Fluß), Rußland (GUS)	D5	32
Wolgograd, Rußland	E5	32
Zagreb, Kroatien	F10	30
Zentralafrika (Staat), Afrika	G8	53
Zürich, Schweiz	F8	30
Zypern (Staat), Asien	H13	31

GIPFEL
GLETSCHER
BAUM
HORIZONT
EISBERG
KRATER UNTÄTIGER MEERESARM
VULKAN FJORD
OZEAN ATOLL SPITZE NUTZWALD
BUCHT
STRASSE
ARCHIPEL STADT
KANAL DELTA E
RIFF MEERENGE/SUND B
WELLEN KLIFF E
KAP KLIPPE HÜGEL N
MEER SANDBANK E
GOLF KUPPE HAIN
UNTIEFE/ MEERESARM BRECHER
SANDBANK LAGUNE STRAND WEIDE
HALBINSEL
LANDSPITZE ISTHMUS/ FLUSS
STEILABFALL LANDENGE GROSSTADT DAMM
UFERLINIE UND EISENB
WELLENBRECHER KAI SEEHAFEN
INSEL DOCK BRÜCKE KULTIVIERTES LAND
HAFEN MÜNDUNG FLUSSMÜNDUNG
PIER
FLUGHAFEN
DEICH
NEBENSTRASSE HAUPTSTRASSE
FELD WIESE